Clase Bíblica para Adultos y Jóvenes: Guía Principiantes: 1 Samuel

Clase Bíblica Dominical Para Jóvenes y Adultos, Volume 9

Sermones Bíblicos

Published by Guillermo Doris McBride, 2024.

While every precaution has been taken in the preparation of this book, the publisher assumes no responsibility for errors or omissions, or for damages resulting from the use of the information contained herein.

CLASE BÍBLICA PARA ADULTOS Y JÓVENES: GUÍA PRINCIPIANTES: 1 SAMUEL

First edition. November 13, 2024.

Copyright © 2024 Sermones Bíblicos.

Written by Sermones Bíblicos.

Tabla de Contenido

Introducción 1

1 Samuel 2:1-35 11

1 Samuel 3:1-4:18 22

1 Samuel 4:19-7:6 32

1 Samuel 7:7-9:15 43

1 Samuel 9:16-11:15 53

1 Samuel 12:1-13:4 64

1 Samuel 13:15-15:3 75

1 Samuel 15:4-16:1 85

1 Samuel 16:2-17:58 95

1 Samuel 18:1-20:1 105

1 Samuel 20:2-21:8 116

1 Samuel 21:9-22:23 126

1 Samuel 23:1-25:3 137

1 Samuel 25:4-26:12 148

1 Samuel 26:13-28:7 160

1 Samuel 28:8-30:6 169

1 Samuel 30:7-31:13 181

Conclusión 191

En un mundo lleno de incertidumbre y desafíos, es vital saber en quién y en qué podemos confiar. Pablo nos da una perspectiva clara y poderosa: nuestra seguridad no depende de nuestras circunstancias o habilidades, sino de Cristo que nos fortalece.

Este mensaje es esencial para todo creyente, ya que nos invita a reflexionar sobre la fuente de nuestra verdadera seguridad. A través de este estudio, comprenderemos cómo vivir con confianza, superando obstáculos y enfrentando desafíos con la fuerza que Cristo nos proporciona.

Este versículo no es solo un lema motivacional; es una verdad profunda sobre nuestra identidad y capacidad en Cristo. Que este pasaje nos inspire a mirar más allá de nosotros mismos y a encontrar nuestra verdadera seguridad en Jesús.

I. La Fuente de Nuestra Seguridad

Este versículo revela que nuestra seguridad y fortaleza provienen de Cristo. Este versículo es un testimonio del poder de Dios en nuestras vidas. No se trata de lo que nosotros podemos hacer, sino de lo que Cristo puede hacer a través de nosotros.

Esta perspectiva cambia completamente nuestra manera de enfrentar la vida. En momentos de debilidad o duda, recordar que nuestra capacidad viene de Cristo es liberador. Esto significa que no estamos limitados por nuestras propias fuerzas o habilidades.

En 2 Corintios 12:9, Pablo escribe sobre cómo el poder de Cristo se perfecciona en nuestra debilidad. Así, incluso en nuestras limitaciones, podemos ser poderosos gracias a Cristo.

Esta seguridad en Cristo nos permite enfrentar desafíos con una nueva actitud y esperanza. Al depender de Cristo, superamos los límites que nos impone nuestra naturaleza humana. Nuestra seguridad en Cristo es una fuente constante de fortaleza, independientemente de las circunstancias.

II. Superando Obstáculos con Cristo

Entender que podemos hacer todas las cosas en Cristo que nos fortalece nos ayuda a superar obstáculos. Esta verdad nos da la valentía para enfrentar situaciones que parecen imposibles. En la vida cristiana, nos encontramos con retos, tanto espirituales como materiales. El versícilo que hemos leído hoy nos da la confianza para enfrentar estos desafíos con la certeza de que no estamos solos.

Esta seguridad nos permite tomar riesgos y dar pasos de fe, sabiendo que Cristo está con nosotros. En situaciones difíciles, en lugar de rendirnos, podemos apoyarnos en la fortaleza de Cristo. Esta actitud de confianza en Cristo nos lleva a experiencias de crecimiento y aprendizaje.

Al enfrentar obstáculos con Cristo, desarrollamos una fe más profunda y madura. Esta seguridad en Cristo también nos permite ser un ejemplo y un estímulo para otros. Con Cristo, los obstáculos se convierten en oportunidades para demostrar su poder y gracia en nuestras vidas.

III. Vivir con confianza y dependencia en Cristo

Vivir en la seguridad que Cristo nos da significa vivir en confianza y dependencia de Él. Esta forma de vivir transforma nuestra perspectiva de la vida y de nosotros mismos. No se trata de una confianza arrogante en nuestras capacidades, sino de una humilde dependencia de Cristo.

Esta confianza en Cristo afecta todas las áreas de nuestra vida, desde las decisiones cotidianas hasta los grandes desafíos. En Juan 15:5, Jesús dice que sin Él no podemos hacer nada, lo que subraya la importancia de esta dependencia. Esta relación con Cristo nos da una paz y una seguridad que el mundo no puede ofrecer.

Al vivir en dependencia de Cristo, encontramos una fortaleza y una dirección que sólo Él puede proporcionar. Esta forma de vivir nos lleva a una experiencia más rica y satisfactoria en nuestra relación con Dios. Confiar en Cristo y depender de Él nos permite enfrentar la vida con una actitud positiva y esperanzadora. Nuestra seguridad en Cristo es la clave para una vida cristiana victoriosa y plena.

Introducción

Continuando nuestro recorrido a través de la Biblia, volvemos hoy al Antiguo Testamento para comenzar nuestro estudio del primer libro del profeta Samuel.

Los dos Libros de Samuel se clasificaban como un solo libro en el canon judío y deben ser considerados como un volumen. En la Biblia Vulgata Latina, aparecen como los dos primeros de los cuatro libros de los Reyes. Nuestro título identifica el nombre de Samuel con estos dos primeros libros históricos. Esto no es porque él sea el escritor, aunque nosotros creemos que Samuel es el escritor de una buena parte de estos libros. Es más bien porque su extraordinaria biografía es presentada al comienzo, y él figura prominentemente como la persona que Dios usó para ungir a los dos primeros reyes de Israel, es decir, a Saúl y a David. Samuel, entonces, es considerado el escritor de 1 Samuel hasta el capítulo 25, el cual registra su muerte. Aparentemente, Natán y Gad terminaron la escritura de estos libros. Nos enteramos de esto por lo que dice el capítulo 10, versículo 25 de este Primer libro de Samuel, donde leemos: "Samuel expuso luego al pueblo las leyes del reino, y las escribió en un libro, el cual guardó delante del Señor". Y también el Primer libro de Crónicas, capítulo 29, versículo 29, dice: "Los hechos del rey David, desde el primero hasta el último, están escritos en el libro de las crónicas del vidente Samuel, en las crónicas del profeta Natán, y en las crónicas del vidente Gad".

Los Libros de Samuel contienen muchos aspectos familiares. Leemos del surgimiento del reino de Israel. Tenemos también la historia de Ana y su hijo Samuel. Se nos narra igualmente en estos libros la historia de David y Goliat, y la poco habitual y conmovedora amistad de David y Jonatán. Vemos asimismo el relato de la visita del rey Saúl a la adivina de Endor; y el capítulo 7 de 2 Samuel – uno de los grandes capítulos de la Palabra de Dios – nos presenta el pacto de Dios con David. Por último encontramos la historia del gran pecado de David con Betsabé, y la rebelión de su hijo Absalón.

En el libro de los Jueces vimos cómo Dios usó a personas comunes, muchas de los cuales tenían serios fallos o defectos. Sus historias constituyen un gran aliento para los que hoy somos gente normal y corriente. Sin embargo, en el Primero y en el Segundo libro de Samuel vamos a conocer a algunos personajes verdaderamente extraordinarios, como: Ana, Elí, Samuel, Saúl, Jonatán, y David. Vamos a familiarizarnos con cada uno de ellos al avanzar en nuestro estudio de estos libros.

Hay tres asuntos que pueden considerarse como temas de los Libros Primero y Segundo de Samuel. La oración es el primero. El Primer libro de Samuel se inicia con una oración, y el Segundo libro de Samuel concluye con una oración. Y la oración también puede verse entre los dos escritos.

Un segundo tema es el surgimiento del reino. Tenemos en estos libros el registro del cambio de gobierno de Israel de una teocracia a un reino. De gran significación también es el pacto de Dios con David, que se detalla en el Segundo libro de Samuel, capítulo 7.

El tercer tema es el comienzo del oficio de profeta. El profeta es el personaje que se destaca en estos dos libros. Cuando Israel era una teocracia, Dios actuaba por medio del sacerdocio. Sin embargo, cuando los sacerdotes fracasaron y un rey fue ungido, Dios hizo a un lado a los sacerdotes y levantó a los profetas como Sus mensajeros. Notaremos que para la nación de Israel esto resultó en un deterioro antes que en una mejora.

El surgimiento del reino es de particular importancia. Los dos libros de Samuel presentan el origen de este reino, el cual continúa como un asunto muy importante tanto a través del Antiguo como del Nuevo Testamento. El primer mensaje del Nuevo Testamento fue el mensaje de Juan el Bautista, quien dijo allá en Mateo 3:2: "Arrepentíos, porque el reino de los cielos se ha acercado". Es posible que el reino del cual hablaba Juan fuera el reino del Antiguo Testamento, ese reino que comienza aquí en los Libros de Samuel. Observaremos que este reino tiene una base muy histórica, un origen terrenal, y fronteras geográficas. Este reino tiene un rey, y sus súbditos son gente de verdad.

La forma de gobierno escogida por Dios es un reinado regido por un rey. Con todo, el cambiar la forma de los gobiernos hoy no solucionaría los problemas humanos. El defecto no se encuentra en la forma – sino en la gente que ejerce el gobierno. Cualquier forma de gobierno es satisfactoria si las personas que gobiernan son buenas. Pero un reino es el ideal de Dios, y Él tiene el propósito de poner a Su Rey en el trono de esta tierra algún día. Cuando Jesucristo, el Príncipe de Paz, reine en este mundo, su gobierno funcionará de manera muy diferente a como operan los diversos sistemas de gobierno que el ser humano ha creado. No habrá necesidad de un programa de ayuda para los pobres porque no habrá pobreza. El Príncipe de Paz, el Rey de Reyes, y el Señor de Señores no instituirá ningún programa ecológico ni de reforma moral. Cuando Él reine, la justicia y la paz cubrirán esta tierra como las aguas cubren el mar.

En estos dos libros de Samuel se prefigura de varias maneras el reino milenario venidero de Cristo; y en el establecimiento del reino de Israel observamos tres cosas que nuestro mundo necesita: En primer lugar, nuestro mundo necesita un rey con poder y que ejerza ese poder en justicia; en segundo lugar, nuestro mundo necesita un rey que gobierne en completa dependencia de Dios, y en tercer lugar, nuestro mundo necesita un rey que gobierne en completa obediencia a Dios. El Señor

Jesucristo, el Rey de reyes que vendrá, es exactamente Aquel a quien el mundo tan desesperadamente necesita hoy.

Al entrar ahora en nuestro estudio del Primer Libro de Samuel, es importante recordar los siguientes puntos. En los primeros ocho capítulos tenemos a Samuel, el profeta de Dios. En los capítulos 9 hasta el 15 tenemos a Saúl, el hombre de Satanás. Por último, en los capítulos 16 al 31 tenemos un contraste entre David, el hombre de Dios y Saúl, quién como ya dijimos representa al hombre de Satanás.

Y ahora sí, estamos listos para entrar en el primer capítulo de este Primer Libro de Samuel. En este primer capítulo tenemos a Elcana y sus dos mujeres. Tenemos también la oración de Ana, el nacimiento de Samuel y su presentación al Señor.

Este Primer Libro de Samuel comienza con el llanto de una mujer piadosa. Mientras el pueblo pedía un rey, Ana pedía un niño. Dios edificó el trono sobre el llanto de una mujer. Cuando la mujer asume su puesto exaltado, Dios le edifica un trono.

El sumo sacerdote Elí, creyó que Ana estaba ebria al observarla mientras ella oraba al Señor delante del tabernáculo en Silo. Cuando él descubrió su verdadera ansiedad por tener un niño, la bendijo. Más tarde, Ana dio a luz a su hijo, Samuel, y se lo trajo a Elí para cumplir su voto.

Comencemos, pues, leyendo los primeros dos versículos de este capítulo 1 del Primer Libro de Samuel.

"Hubo un hombre de Ramataim, sufita de los montes de Efraín, que se llamaba Elcana hijo de Jeroham hijo de Eliú, hijo de Tohu, hijo de Zuf, efrateo. Tenía dos mujeres; el nombre de una era Ana, y el de la otra, Penina. Penina tenía hijos, pero Ana no los tenía".

Se nos dice aquí que Elcana tenía dos mujeres. Habrá quienes dirán que en aquellos días Dios aprobaba que un hombre tuviera más de una mujer. Sin embargo, si usted lee con cuidado el relato, notará que Dios no aprobaba el hecho de que Elcana tuviera dos mujeres. El simple hecho de que ciertas cosas se registren en las Escrituras no significa que Dios las apruebe. El simplemente nos da ciertos datos o hechos en cuanto a la historia, las personas y los eventos. Las mentiras de Satanás, por ejemplo, también están incluidas en las Escrituras, pero eso no quiere decir que Dios las apruebe. El pecado de Adán y el de Abraham también fueron registrados. Dios mostró Su desaprobación cuando Abraham tomó a la sierva Agar como su segunda mujer. Los frutos de su pecado todavía existen. Ismael, hijo de Abraham con Agar, llegó a ser la cabeza de la nación árabe, y los judíos y los árabes aún viven en permanente conflicto en la actualidad. Debido a que Elcana tenía dos esposas, había dificultades en la familia, como veremos más adelante. Esto es evidencia de que Dios no aprobaba esta situación y no les estaba bendiciendo en este tiempo en particular. Veamos ahora el versículo 3.

"Todos los años, aquel hombre subía de su ciudad para adorar y ofrecer sacrificios al Señor de los ejércitos en Silo, donde estaban dos hijos de Elí: Ofni y Finees, sacerdotes del Señor".

Al leer este versículo surge una pregunta en nuestra mente que es algo inquietante. Esa pregunta es: ¿Por qué creyó Samuel necesario decirnos que los dos hijos de Elí estaban en el tabernáculo? Bueno, más tarde nos daremos cuenta de la razón por la cual nos lo dijo. Ahora el subir al tabernáculo para adorar a Dios no era todo lo que uno esperaría que fuera. En realidad, era un lugar poco recomendable para ir, porque estos hijos de Elí eran "hijos de Belial" o sea, hijos del diablo.

A veces uno ni se imagina cuál es el lugar más peligroso donde uno podría estar. Hay muchos que dicen, en cuanto al aposento alto, "¡Cuán maravilloso habría sido estar allí con Jesús!" Pero, ¿es eso verdad? ¿Sabe usted quién estuvo en el aposento alto? ¡Pues Satanás estuvo allí! No había sido invitado, pero allí estuvo; el relato nos dice que él entró en Judas. El aposento alto era el lugar más peligroso donde uno pudiera encontrarse en esa noche en toda Jerusalén. Así pues, ir a adorar a Dios tenía sus dificultades en aquel tiempo de Samuel también, y la maldad estaba presente allí en el tabernáculo, en las personas de los hijos de Elí. Es interesante que esto se mencione aquí en esta coyuntura, al comienzo del Primer Libro de Samuel. Leamos ahora los versículos 4 y 5 de este capítulo 1 del Primer Libro de Samuel.

"Cuando llegaba el día en que Elcana ofrecía sacrificio, daba a Penina, su mujer, la parte que le correspondía, así como a cada uno de sus hijos e hijas. Pero a Ana le daba una parte escogida, porque amaba a Ana, aunque el Señor no le había concedido tener hijos".

Elcana daba más a Ana que lo que le daba a su otra esposa y a todos sus hijos. ¿Por qué? Porque amaba a Ana. Ahora, el Señor no le había concedido tener hijos; y dice aquí el versículo 6:

"Y su rival la irritaba, enojándola y entristeciéndola porque el Señor no le había concedido tener hijos".

¿Quién era la adversaria de Ana que se menciona aquí? Era Penina, la otra esposa de Elcana. No se hablaban ni tenían un hogar muy feliz. Había grandes problemas en la familia y no tenían ningún consejero a quien acudir para recibir ayuda. Ana era probablemente una de las personas más miserables en el mundo en ese tiempo, pero aquí vemos que ella acudió a Dios en oración. Continuemos leyendo los versículos 7 al 11 de este capítulo 1 del Primer Libro de Samuel.

"Así hacía cada año; cuando subía a la casa del Señor, la irritaba así, por lo cual Ana lloraba y no comía. Y Elcana, su marido, le decía: Ana, ¿por qué lloras? ¿por qué no comes? ¿y por qué está afligido tu corazón? ¿No te soy yo mejor que diez hijos? Después de comer y beber en Silo, Ana se levantó, y mientras el sacerdote Elí estaba sentado en una silla junto a un

pilar del templo del Señor, ella, con amargura de alma, oró al Señor y lloró desconsoladamente. E hizo voto diciendo: ¡Señor de los ejércitos!, si te dignas mirar a la aflicción de tu sierva, te acuerdas de mí y no te olvidas de tu sierva, sino que das a tu sierva un hijo varón, yo lo dedicaré al Señor todos los días de su vida, y no pasará navaja por su cabeza".

La expresión "ella con amargura de alma" en el versículo 10, describe el profundo dolor que ella sentía por no tener un hijo. De modo que pidió un hijo y prometió a Dios dos cosas si le era concedida su petición: 1) que su hijo sería sacerdote en el servicio levítico todos los días de su vida, y 2) que ella le haría nazareo, o sea un hombre separado para el servicio de Dios.

Ahora observemos lo que ocurrió aquí en los versículos 12 y 13:

"Mientras ella oraba largamente delante del Señor, Elí observaba sus labios. Pero Ana oraba en silencio y solamente se movían sus labios; su voz no se oía, por lo que Elí la tuvo por ebria".

Elí era el sumo sacerdote y le llamó la atención esta mujer angustiada que llegaba al tabernáculo y se ponía a orar. Observó su boca y vio que movía los labios, pero no oía ninguna palabra. Tampoco podía leer el movimiento de los labios para saber qué es lo que estaba diciendo. Ahora observemos su reacción, la cual nos da una idea en cuanto a las condiciones espirituales y morales de aquel entonces. Los hijos de Elí bebían, se embriagaban se divertían allí y Elí lo sabía, pero nunca tomó medida alguna. Es que era un padre indulgente. Cuando Ana oró con tal fervor de corazón, Elí creía que estaba ebria. ¿Sabe usted por qué? Porque otros habían llegado ebrios a la casa del Señor. Este lugar de adoración en realidad no era el mejor lugar al cual ir en aquel entonces. Y dicen los versículos 14 y 15:

"Entonces le dijo Elí: ¿Hasta cuándo estarás ebria? ¡Digiere tu vino! Pero Ana le respondió: No, señor mío; soy una mujer atribulada de espíritu.

No he bebido vino ni sidra, sino que he derramado mi alma delante del Señor".

Hoy en día ya no escuchamos oraciones como esta oración de Ana, ¿verdad? Nuestras oraciones son ya muy solemnes, con frases preparadas de antemano, calculadas para que los que escuchen otorguen su aprobación. Ahora Ana, no queriendo que Elí recibiera una mala impresión, continuó diciéndole aquí en los versículos 16 al 18:

"No tengas a tu sierva por una mujer impía, porque solo por la magnitud de mis congojas y de mi aflicción he estado hablando hasta ahora. Ve en paz, y el Dios de Israel te otorgue la petición que le has hecho, le dijo Elí. Halle tu sierva gracia delante de tus ojos, respondió ella. Se fue la mujer por su camino, comió, y no estuvo más triste".

Elí se dio cuenta de su equivocación y pronunció una bendición profética. Se nos dice que Ana, entonces, no volvió a estar triste, lo cual fue una evidencia de que tuvo confianza en que Dios había escuchado su oración, y que la respondería. Leamos ahora el versículo 20 de este capítulo 1 del Primer Libro de Samuel, que nos habla entonces de

El nacimiento de Samuel

"Aconteció que al cumplirse el tiempo, después de haber concebido Ana, dio a luz un hijo, y le puso por nombre Samuel, por cuanto dijo, se lo pedí al Señor".

Como decíamos hace un momento, este primer libro de Samuel comenzó con el llanto de una mujer piadosa. Mientras el pueblo clamaba por un rey, Ana estaba clamando por un niño.

¡Cómo contrasta esto con nuestra sociedad contemporánea, Estimado lector! Cada vez oímos hablar más sobre el aborto. No pensamos abordar este tema del aborto aquí, pero qué contraste hay entre Ana, quien quería tener un niño y tantas mujeres hoy que no quieren tener a sus hijos, y optan por deshacerse de ellos. Entendemos que puede haber algunas excepciones en las cuales el aborto puede resultar esencial para la vida de la madre o para la supervivencia del niño, pero esa excepción debe ser determinada científicamente por expertos. El caso en nuestros días es que muchos quieren alejarse del cumplimiento de los mandamientos de Dios para ejercer una supuesta libertad plena, pero no están dispuestos a pagar las consecuencias. Si un niño es concebido, ese niño debería nacer y quedar bajo la responsabilidad de quienes lo trajeron al mundo. Necesitamos entender el principio bíblico expresado en Gálatas 6:7, donde el Apóstol Pablo dijo: "No os engañéis; Dios no puede ser burlado: pues todo lo que el hombre siembre, eso también segará". Estamos viviendo en tiempos en que este tema se trata con mucha frivolidad. En contraste con nuestra historia y como muchas madres en la actualidad, Ana vivió anhelando tener un hijo varón, y al tenerlo, ella, con gratitud, dedicó ese hijo al Señor. Por eso dijimos que, en cierta forma, sobre su angustia y su llanto, Dios edificó un reino. ¡Qué tremendo tributo y maravilloso monumento al clamor de esta mujer!

Veamos ahora cómo Ana cuidó a su bebé hasta que llegó el momento apropiado para llevarlo a Jerusalén y dejarlo allí en cumplimiento del voto que había hecho a Dios cuando le pidió que le diera un hijo. Leamos ahora los versículos 24 al 28, donde se nos relata que

Samuel fue llevado al sacerdote Elí

"Después que lo destetó, y siendo el niño aún muy pequeño, lo llevó consigo a la casa del Señor en Silo, con tres becerros, veintidós litros de trigo y una vasija de vino. Tras inmolar el becerro, trajeron el niño a Elí. Y Ana le dijo: ¡Oh, señor mío! Vive tu alma, señor mío, yo soy aquella mujer que estuvo aquí junto a ti, orando al Señor. Por este niño oraba, y

el Señor me dio lo que le pedí. Yo, pues, lo dedico también al Señor; todos los días que viva, será del Señor. Y adoró allí al Señor".

Cuando Ana llevó su ofrenda al Señor, cumplió el voto que había hecho a Dios. Ella dijo: "He prometido traer este niño al Señor y aquí está". Puede ser que sus ojos se llenaron de lágrimas al despedirse de Samuel, pero su corazón rebosaba de gozo porque ese niño era una prueba irrefutable de que Dios había escuchado y respondido positivamente su petición, y ahora ella estaba allí cumpliendo la promesa que había hecho al Señor. La decisión de Ana de dedicar a Samuel completamente al servicio del Señor fue irrevocable.

Esta madre llamada Ana ha sido, pues, nuestro primer personaje de este libro, y nos ha dejado la imagen de una mujer creyente, que derramó su alma ante Dios en oración, suplicándole le concediese la petición más importante de su vida. Dios la escuchó. Y Dios respondió su oración. Estimado lector, le invitamos a dirigirse a Dios en oración. Hay peticiones que ningún poder humano nos podría conceder. Y pensamos en la importancia trascendental del alma, del alma que se siente alejada de Dios y necesita comunicarse con Él. Conscientes de esta lejanía, las personas viven incompletas, insatisfechas. Y necesitan ponerse en contacto con Su Creador, con su Salvador. En estas circunstancias, la oración puede transformarse en un clamor, como la oración de un salmo. Creo que las antiguas palabras en estas canciones de la Biblia, son adecuadas para expresar el clamor del ser humano de nuestro tiempo, por su frustración y su desesperanza. Por ello, nos despedimos hoy con esas palabras del salmo 130: "Desde lo más profundo, oh Señor, he clamado a ti. ¡Señor, oye mi voz! Estén atentos tus oídos, a la voz de mis súplicas. Señor, si tu tuvieras en cuenta las iniquidades, ¿quién, oh Señor, podría permanecer? Pero en ti hay perdón, para que seas reverenciado. Espero en el Señor; en Él espera mi alma, y en su palabra tengo mi esperanza. Mi alma espera al Señor... porque en el Señor hay misericordia, y en Él hay abundante redención".

1 Samuel 2:1-35

Llegamos en nuestro estudio del primer libro de Samuel, al capítulo 2. En este capítulo tenemos la oración profética de Ana; el pecado de los hijos de Elí; el ministerio de Samuel en el tabernáculo; y el juicio sobre los hijos de Elí. Ahora, veremos aquí que la oración de acción de gracias de Ana, fue profética al mencionar ella por primera vez al Mesías en el versículo 10. Veremos también que los hijos de Elí eran malos e indignos de servir como sacerdotes. Un profeta anónimo advirtió a Elí que su línea de descendencia sería eliminada del sacerdocio y que Dios levantaría a un sacerdote fiel, de acuerdo con el versículo 25. Ahora, el versículo 26 es interesante, porque las palabras: "iba creciendo, haciéndose grato delante de Dios y delante de los hombres" fueron dichas solamente en cuanto a Samuel y a Jesús. Leamos el primer versículo de este capítulo 2 del primer libro de Samuel, para comenzar a considerar una de las más importantes oraciones de la Biblia,

La oración profética de Ana

"Entonces Ana oró y dijo: Mi corazón se regocija en el Señor, mi poder se exalta en el Señor; mi boca se ríe de mis enemigos, por cuanto me alegré en tu salvación".

Aquí Ana habló de "su poder" pero quiso decir su fortaleza en el Señor. Se regocijó en el hecho de que Dios le había dado un hijo. Resultó victoriosa sobre los que se burlaban de ella por ser estéril, y se alegró en Su salvación. Había experimentado una liberación.

Como ya hemos indicado muchas veces, la salvación se lleva a cabo en tres tiempos: pasado, presente y futuro. Primero: Hemos sido salvados.

El Señor Jesucristo, en el evangelio según San Juan, capítulo 5, versículo 24, dijo: "De cierto, de cierto os digo: El que oye mi palabra, y cree al que me envió, tiene vida eterna; y no vendrá a condenación, sino que ha pasado de muerte a vida". Y eso quiere decir que Dios nos ha librado de la culpa del pecado mediante la muerte de Cristo. Ésa es la justificación, y se refiere al tiempo pasado.

En segundo lugar, Dios también nos ha librado de lo que los teólogos llamaban "la contaminación del pecado". Ésta es la liberación presente; es decir, estamos siendo salvados. Es una liberación de las flaquezas de nuestra parte física, de sus pecados, de los fallos de la mente, y las acciones de la voluntad. Ésta es, pues, la salvación presente de la cual Ana hablaba. Es la santificación, y se refiere al tiempo presente.

En tercer lugar y por último, tenemos la salvación y liberación de la muerte que queda todavía en el futuro. Ahora, no se trata de la muerte física, sino de la muerte espiritual. Dijo el apóstol San Juan en su primera carta, capítulo 3, versículo 2: "Amados, ahora somos hijos de Dios, y aún no se ha manifestado lo que hemos de ser; pero sabemos que cuando él se manifieste, seremos semejantes a él, porque le veremos tal como él es". Ésta es una salvación futura, es decir, seremos salvados. Ésa será la glorificación y se refiere al tiempo futuro. O sea que, resumiendo, hemos sido salvados. Estamos siendo salvados, y seremos salvados. Y Ana se alegraba en Su salvación.

Quizá usted recuerde que el profeta Jonás dijo en el capítulo 2 de su libro, versículo 9: "La salvación es del Señor" El salmista dijo muchas veces que la salvación era del Señor. La gran verdad de la salvación es que se lleva a cabo por la gracia de Dios. Significa que hemos sido gratuitamente justificados por Su gracia. Esa palabra "gratuitamente" significa, inmerecidamente, en el sentido en que Dios no encontró nada, absolutamente nada en nosotros que mereciera la salvación. Él encontró la explicación en Sí mismo, es decir, que nos ama. Ahora, Ana continuó hablando aquí en el versículo 2 y dijo:

"No hay santo como el Señor; porque no hay nadie fuera de ti ni refugio como el Dios nuestro".

En el Antiguo Testamento, Dios fue llamado "una Roca". En el Nuevo Testamento, en la carta a los Efesios, capítulo 2, versículo 20, el Señor Jesucristo fue llamado "la piedra angular". En el evangelio según San Mateo, capítulo 16, versículo 18, Cristo habló de Sí mismo cuando dijo: "y sobre esta roca edificaré mi iglesia". Esa Roca sobre la cual Ana descansó es la misma Roca sobre la cual descansamos usted y yo hoy. No hay refugio como nuestro Dios. Y continuó Ana diciendo en el versículo 3:

"No multipliquéis las palabras de orgullo y altanería; cesen las palabras arrogantes de vuestra boca, porque el Señor es el Dios que todo lo sabe y a él le toca pesar las acciones".

Cuando nos dirigimos a Dios en oración debemos tener mucho cuidado, Estimado lector, de no permitir que nuestra altivez se convierta en un obstáculo. Tenemos que reconocer nuestra debilidad, nuestra insuficiencia, y nuestra incapacidad. A veces oímos que algunos preguntan lo siguiente: ¿Por qué no oyó Dios mi oración? Y hablando claramente, ¿por qué tenía que oírla? ¿Qué derecho tiene usted de orar? Ahora, si ha aceptado al Señor Jesucristo como su Salvador, entonces es verdad que tiene derecho de acercarse a Él en el nombre de Jesucristo. Como hijos, tenemos el derecho de acudir a Él, pero, debemos recordar que nuestras oraciones deben estar de acuerdo con Su voluntad. Continuemos ahora con los versículos 4 al 6 de este capítulo 2 del primer libro de Samuel:

"Los arcos de los fuertes se han quebrado y los débiles se ciñen de vigor. Los saciados se alquilan por pan y los hambrientos dejan de tener hambre;

> *hasta la estéril da a luz siete veces, mas la que tenía muchos hijos languidece. El Señor da la muerte y la vida; hace descender al sepulcro y retornar".*

La idea total aquí en este pasaje es que Dios es quien da la vida. Como Job dijo en el capítulo 1 de su libro, versículo 21: "Desnudo salí del vientre de mi madre, y desnudo volveré allá. El Señor dio, y el Señor quitó; Bendito sea el nombre del Señor". Sólo Dios, Estimado lector, tiene el derecho de dar la vida y de quitarla. Hasta que usted y yo tengamos el poder de dar vida, no tenemos ningún derecho a quitarla. Sólo Dios tiene ese poder. Por ello, Dios se declarará responsable de las muertes de Ananías y Safira, ocurridas en el capítulo 5 de los Hechos de los Apóstoles y Él no se excusará. Dios no necesita darnos ninguna excusa, por el hecho de que Él tenga el propósito de juzgar a los malos, los cuales entrarán en la muerte y serán apartados de Dios. Dios no pedirá disculpas por lo que Él haga porque éste es Su universo y nosotros somos Sus criaturas. Él está dirigiendo el universo según la manera en que Él quiere dirigirlo. Eso sí, hay que aclarar que Dios no obra según caprichos, sino según leyes espirituales y morales que Él mismo nos ha dado en Su Palabra.

Estimado lector, es verdaderamente maravilloso que usted y yo podamos postrarnos delante de Dios, y experimentar su bendición, si estamos dispuestos a hacer las cosas según Su voluntad. Continuemos con esta oración de Ana y leemos aquí en el versículo 7:

> *"El Señor empobrece y enriquece, abate y enaltece".*

Este versículo hace surgir una pregunta que muchos solemos hacer, y es: ¿Por qué es que unos son ricos y mientras otros son pobres? No nos es posible comprender por qué Dios ha permitido esa gran desigualdad, de que algunos vivan en la opulencia, mientras que otros se encuentren sufriendo necesidad o miseria. ¿No es cierto que el pecado, la maldad y el egoísmo humano tiene mucho que ver en esa situación? Quizá lleguemos a pensar que nos sería posible corregir ese estado de cosas y distribuir la riqueza de una manera un poco mejor. Pero, ¿sabe usted Estimado lector, que Él no nos dejó esa tarea? Eso le incumbe a Él, y algún día Él nos lo explicará, así como otros interrogantes humanos como, por ejemplo, el sufrimiento. Esperemos pues por esa explicación porque Él sí tiene la respuesta. Y continuó Ana su oración aquí en los versículos 8 y 9 de este capítulo 2 del primer libro de Samuel y dijo:

"Él levanta del polvo al pobre; alza del basurero al menesteroso, para hacerlo sentar con príncipes y heredar un sitio de honor. Porque del Señor son las columnas de la tierra; él afirmó sobre ellas el mundo. Él guarda los pies de sus santos, mas los impíos perecen en tinieblas; porque nadie será fuerte por su propia fuerza".

Este versículo nos dice que el hombre por su propio esfuerzo, por su propio poder y fuerza, nunca puede llevar a cabo nada que sea aceptable para Dios. Y hoy tenemos que reconocer ese hecho. Es sólo lo que hacemos mediante el poder del Espíritu Santo lo que tendrá valor. Necesitamos aprender a depender de Él y a descansar en Él. Veamos ahora el versículo 10 de este capítulo 2 del primer libro de Samuel:

"Delante del Señor serán quebrantados sus adversarios y sobre ellos tronará desde los cielos. El Señor juzgará los confines de la tierra, dará poder a su Rey y exaltará el poderío de su Ungido".

Éste es uno de los grandes versículos de las Escrituras, y el primero que usa la palabra "Mesías". La palabra "Ungido" es la palabra hebrea para Mesías. Esta misma palabra es traducida "Cristos" en el Nuevo Testamento en griego. Es el título del Señor Jesús. Dios se estaba preparando para establecer el reino. Israel rechazaría la teocracia, y por lo tanto, Dios iba a darles un rey. Continuemos con el versículo 11:

"Luego Elcana regresó a su casa en Ramá, y el niño se quedó para servir al Señor junto al sacerdote Elí".

Parece como si Samuel hubiera sido traído a un lugar de protección y refugio. El tabernáculo debía haber sido un lugar así, pero desafortunadamente no lo fue, porque leemos aquí en el versículo 12, que menciona a

Los hijos malvados de Leví

"Los hijos de Elí eran hombres impíos, que no tenían conocimiento del Señor".

Los hijos de Elí no eran salvos, y sin embargo estaban sirviendo en el mismo tabernáculo. Ahora, según indica este pasaje, el pequeño Samuel estaba en un lugar peligroso, pero podremos estar seguros que su madre continuaba orando por él. Observemos lo que ocurrió en el tabernáculo. Leamos los versículos 13 hasta el 16 de este capítulo 2 del primer libro de Samuel:

"Y era costumbre de los sacerdotes con el pueblo, que cuando alguien ofrecía sacrificio, mientras se cocía la carne, venía el criado del sacerdote trayendo en su mano un garfio de tres dientes y lo metía en el perol, en la olla, en el caldero o en la marmita; y todo lo que sacaba el garfio, el sacerdote lo tomaba para sí. De esta manera hacían con todo israelita que venía a Silo. Asimismo, antes de quemar la grasa, venía el criado del sacerdote y decía al que sacrificaba: Dame carne para asársela al sacerdote; porque no aceptará de ti carne cocida sino cruda. Y si el hombre le respondía: Hay que quemar la grasa primero, y después toma tanto como quieras, él decía: No, dámela ahora mismo; de otra manera la tomaré por la fuerza".

Los israelitas traían sus sacrificios al tabernáculo, y los hijos de Elí en lugar de ofrecerlos a Dios como debían hacerlo, se los guardaban para sí. Se guardaban la mejor parte del animal del sacrificio para ellos mismos, y no la ofrecían al Señor. Eran completamente fraudulentos en el servicio del Señor. Continuemos con el versículo 17:

"Así pues, el pecado de estos ayudantes era muy grande ante el Señor, porque menospreciaban las ofrendas del Señor".

El resultado de su deshonestidad fue que muchos se alejaron de Dios. Los israelitas vieron lo que hacían los hijos de Elí en el tabernáculo, y en lugar de acercarse más al Señor, se iban alejando cada vez más. Debiéramos tener en cuenta que, en la actualidad, muchas personas se han apartado de los círculos cristianos por los malos ejemplos que han observado y otros, no se sienten atraídos hacia el cristianismo por los mismos motivos. Todo ello tendría que llevarnos a la reflexión, a rectificar, a desechar toda hipocresía y a vivir tan cerca de Dios, para que los que nos rodean puedan percibir Su presencia en nuestra conducta, es decir, en nuestra forma de actuar y de expresarnos. Leamos los versículos 18 y 19 de este capítulo 2 del primer libro de Samuel, que nos presentan a

El niño Samuel en el tabernáculo

"Y el joven Samuel servía en la presencia del Señor, vestido de un efod de lino. Su madre le hacía una pequeña túnica y se la traía cada año, cuando subía con su marido para ofrecer el sacrificio acostumbrado".

Aunque Samuel se criaba bajo la influencia de los hijos deshonestos de Elí, su madre no le había olvidado. Ana amaba a su niño. Había prometido dedicárselo al Señor y cumplió su palabra. Y vemos aquí que cada año le hacía una túnica y se la traía, como expresión de su cariño. Avancemos en nuestra lectura con los versículos 20 y 21 de este capítulo 2 del primer libro de Samuel:

"Entonces Elí bendecía a Elcana y a su mujer diciendo: El Señor te dé hijos de esta mujer en lugar del que pidió al Señor. Luego regresaban a su casa. Visitó el Señor a Ana y ella concibió; y dio a luz tres hijos y dos hijas. Y el joven Samuel crecía delante del Señor".

Dios fue bondadoso con Ana. Ella tuvo cinco hijos más, pero nunca se olvidó de Samuel durante todos esos años. Cada año le hacía esa túnica pequeña, y a pesar del mal ambiente del tabernáculo, Samuel crecía delante del Señor. Leamos ahora el versículo 22, a partir del cual veremos

El juicio de los hijos de Elí

> *"Elí era muy viejo, pero (cuando) supo lo que sus hijos hacían con todo Israel y cómo dormían con las mujeres que velaban a la puerta del Tabernáculo de reunión"*

Elí era un padre indulgente, de una piedad sin carácter, que había tolerado los pecados de sus hijos. Fíjese usted en esta inmoralidad que se lee aquí: "dormían con las mujeres que velaban a la puerta del tabernáculo de reunión". Se habla mucho hoy en día en cuanto a nuevas formas de expresar la moralidad. En realidad, Estimado lector, no hay nada nuevo. Ni siquiera era nuevo en los días de los hijos de Elí. Estas prácticas se remontan al tiempo anterior al diluvio. Y dice el versículo 23:

> *"Entonces les dijo: ¿Por qué hacéis cosas semejantes? Oigo hablar a todo este pueblo vuestro mal proceder".*

Las acciones de los hijos de Elí eran un gran escándalo público en Israel, pero todo lo que hizo Elí era dirigirles un reproche leve. Sigamos adelante con el versículo 24:

> *"No, hijos míos, porque no es buena fama la que yo oigo, pues hacéis pecar al pueblo del Señor".*

El pueblo hacía lo que hacían los sacerdotes. Los hijos de Elí incitaban al pueblo a pecar. Y en lugar de tomar medidas positivas para remediar la situación, Elí les reprendió con delicadeza. Era un padre bastante indulgente. Continuemos con los versículos 25 y 26 de este capítulo 2 del primer libro de Samuel:

"Si peca el hombre contra el hombre, los jueces lo juzgarán; pero si alguno peca contra el Señor, ¿quién rogará por él? Pero ellos no oyeron la voz de su padre, porque el Señor había resuelto hacerlos morir. Mientras tanto, el joven Samuel iba creciendo y haciéndose grato delante de Dios y delante de los hombres".

Aun en este ambiente malsano, Samuel, crecía y su conducta agradaba tanto al Señor como a los hombres. Había sido dedicado a Dios y estaba respaldado por la preocupación y las oraciones de su madre. Por lo tanto, Dios iba a utilizarle. Esto según Proverbios, capítulo 3, versículo 3 era el resultado directo del acatamiento a la ley de Dios. También notamos al comenzar este estudio, que la Biblia solo menciona a Samuel y a Jesucristo, como creciendo en gracia para con Dios y los hombres. Los próximos versículos nos dicen que Dios envió un profeta al viejo Elí, el cual le informó que Dios había terminado con él como sumo sacerdote. Leamos los versículos 27 al 29 de este capítulo 2 del primer libro de Samuel:

"Vino un varón de Dios ante Elí, y le dijo: Así ha dicho el Señor: "¿No me manifesté yo claramente a la casa de tu padre cuando estaban en Egipto en la casa del faraón? Lo escogí para que fuera mi sacerdote entre todas las tribus de Israel, para que ofreciera sobre mi altar, quemara incienso y llevara efod delante de mí. Yo concedí a la casa de tu padre todas las ofrendas de los hijos de Israel. ¿Por qué habéis pisoteado los sacrificios y las ofrendas que yo mandé ofrecer en el Tabernáculo? ¿Por qué has honrado a tus hijos más que a mí, haciéndolos engordar con lo principal de todas las ofrendas de mi pueblo Israel?"

Este profeta anónimo le dijo a Elí que el oficio de sumo sacerdote terminaría para él y sus descendientes. Ya Dios no obraría por medio del sacerdote. En lugar de él, Dios ahora levantaría sacerdotes-profetas.

El primero iba a ser Samuel, y él ejercería ese ministerio al Señor, y su oficio sería el de profeta. Y leemos aquí en el versículo 30:

"Por eso el Señor, el Dios de Israel, dice: Yo había prometido que tu casa y la casa de tu padre andarían siempre delante de mí; pero ahora ha dicho el Señor: Nunca haga yo tal cosa, porque yo honro a los que me honran, y los que me desprecian serán tenidos en poco".

Este versículo nos recuerda que debemos tener mucho cuidado de honrar a Dios en nuestras vidas. En el Salmo 107, versículos 1 y 2 leemos: "Alabad al Señor, porque él es bueno, porque para siempre es su misericordia. Díganlo los redimidos del Señor, los que ha redimido del poder del enemigo". Realmente, hoy hace falta que los redimidos del Señor puedan expresar esta verdad con convicción. Leamos ahora los versículos 31 al 34 de este capítulo 2 del primer libro de Samuel:

"Vienen días en que cortaré tu brazo y el brazo de la casa de tu padre, de modo que no haya ancianos en tu casa. Verás tu casa humillada, mientras Dios colma de bienes a Israel, de manera que nunca habrá ancianos en tu casa. Aquel de los tuyos a quien yo no excluya del servicio de mi altar, será para que se consuman tus ojos y se llene tu alma de dolor; y todos los nacidos en tu casa morirán en la plenitud de la edad. Te será por señal esto que acontecerá a tus dos hijos, Ofni y Finees: ambos morirán el mismo día".

Todas las profecías que se mencionan en estos versículos se cumplieron. El versículo 31 se refiere a los sacerdotes que fueron muertos en Nob. Los versículos 32 y 33 predicen la deposición y la pobreza consiguiente del sacerdote Abiatar, descendiente de Elí. Al seguir nuestro estudio del Primer Libro de Samuel, veremos como sucederían estos eventos. Leamos ahora el versículo 35:

"En cambio, yo me suscitaré un sacerdote fiel, que obre conforme a mi corazón y mis deseos; le edificaré casa firme y andará delante de mí ungido todos los días".

Ahora, ¿de quién hablaba este versículo? Por supuesto que se refería al Señor Jesucristo. En la oración de Ana, usted recordará que Él es mencionado como Rey, el Mesías que había de venir. Había sido mencionado ya por Moisés como profeta, y ahora en el Primer Libro de Samuel, es mencionado como Sacerdote. El Señor Jesucristo es Profeta, Sacerdote, y Rey. Él es el único que ha cumplido todos estos oficios.

En nuestro estudio de hoy hemos visto el triste ejemplo de sacerdotes que deshonraron el santuario de Dios a causa de su maldad e indignidad. En contraste, la carta a los Hebreos nos habla de Jesús, como el sumo sacerdote que necesitábamos. Porque Él es santo, sin maldad, sin mancha, apartado de los pecadores, exaltado más allá de los cielos. Él no fue como los otros sacerdotes, que tenían que matar animales y ofrecerlos cada día en sacrificio, primero por sus propios pecados y luego por los pecados del pueblo. Jesús, ofreció el sacrificio una sola vez y para siempre, cuando se entregó a sí mismo en la cruz. Estimado lector, las palabras de esta carta a los Hebreos, en su capítulo 7:25, constituyen un mensaje personal y una invitación para usted, que le dedicamos hoy al despedirnos. La Palabra de Dios dice de Jesús, nuestro sumo sacerdote: "Por eso puede también salvar perpetuamente a los que por él se acercan a Dios, viviendo siempre para interceder por ellos".

1 Samuel 3:1-4:18

Continuamos nuestro estudio en el primer libro de Samuel y llegamos al capítulo 3. En este capítulo tenemos el llamado de Dios a Samuel. Dios habló con Samuel en cuanto a la destrucción de la casa de Elí, y el prestigio de Samuel creció. Se trata de una historia que señala uno de los grandes períodos de transición en la Escritura: el del cambio de la Teocracia, a la Monarquía; del protagonismo del sacerdote al del rey.

Samuel recibió un total de cuatro llamamientos. Los dos primeros constituyeron el llamamiento de Dios para su propia salvación, como lo veremos en el versículo 7. Y los dos últimos, fueron para el servicio, de acuerdo con lo que veremos en el versículo 10.

Este período inició un cambio drástico en la forma de gobierno. La época de los jueces había llegado a su fin y Dios ya no actuaría a través del sacerdote. Él levantaría a un sacerdote-profeta. Samuel serviría al Señor, pero su oficio sería el de un profeta. Samuel sería quien ungiría con aceite a los reyes Saúl y David. Dios no hablaría ya directamente a un rey sino que hablaría por medio del profeta. Y así fue como Elí fue el último de los sacerdotes y Samuel, el primero de los profetas. Leemos en el versículo 20 de este capítulo 3: "Y todo Israel, desde Dan hasta Beerseba, conoció que Samuel era fiel profeta del Señor". Bueno, comencemos ahora nuestro estudio leyendo el versículo 1 de este capítulo 3 del primer libro de Samuel:

> *"El joven Samuel servía al Señor en presencia de Elí; en aquellos días escaseaba la palabra del Señor y no eran frecuentes las visiones".*

Observemos la palabra "joven". Samuel aquí, no era un niño pequeño. El historiador Josefo dijo que tenía por lo menos doce años. Creemos que era un adolescente. Samuel era un joven que servía al Señor en presencia de Elí. No creemos posible que un niño de cuatro años fuese capaz de ir de un lugar a otro por el tabernáculo sirviendo al Señor.

Ahora, este versículo nos dice que era muy raro que Dios comunicase a alguien un mensaje de Su Palabra. Dios no se estaba revelando en aquel tiempo en particular. Simplemente comenzó a obrar cuando llamó a Samuel para servir como profeta. Dios estaba cambiando de la utilización del juez y del sacerdote, al sistema de usar un profeta. El profeta se convertiría en el portavoz ante el rey y del rey. Leamos ahora los versículos 2 y 3 de este primer libro de Samuel:

"Un día estaba Elí acostado en su aposento, cuando sus ojos comenzaban a oscurecerse de modo que no podía ver. Samuel estaba durmiendo en el templo del Señor, donde se encontraba el Arca de Dios; y antes que la lámpara de Dios fuera apagada"

Ahora, el deber de los sacerdotes era cuidar la lámpara en el tabernáculo. Su responsabilidad era echarle aceite y ver que continuara encendida. El sumo sacerdote tenía la libertad de ejercer todas las funciones de los sacerdotes, pero Elí ya era viejo y había comenzado a perder la vista. De modo que dejó que la lámpara se apagara. Y leemos en los versículos 4 y 5:

"el Señor llamó a Samuel. Éste respondió: Heme aquí. Y corriendo luego adonde estaba Elí, dijo: Heme aquí; ¿para qué me llamaste? Yo no he llamado; vuelve y acuéstate, respondió Elí. Él se fue y se acostó".

Elí creyó que Samuel estaba soñando y le mandó que se fuera acostar otra vez. El versículo 6 ahora dice:

"El Señor volvió a llamar a Samuel. Se levantó Samuel, vino adonde estaba Elí y le dijo: Heme aquí; ¿para qué me has llamado? Hijo mío, yo no he llamado; vuelve y acuéstate, le respondió Elí".

Debemos destacar aquí que las dos primeras llamadas de Dios a Samuel fueron como llamadas para su salvación. Dios llamó a Samuel cuatro veces y las dos últimas llamadas serían para utilizarle en el ministerio. Ahora, el versículo 7 de este primer libro de Samuel dice:

"Samuel no había conocido aún al Señor, ni la palabra del Señor le había sido revelada".

Samuel no conocía al Señor. Dios le estaba llamando para salvarle. Ahora, ¿cuál era la edad de la responsabilidad? Cualquiera que fuese, Samuel la había alcanzado y Dios, entonces, le haría responsable. Según el libro de Números, un hombre no podía salir a la guerra hasta que cumpliera los veinte años. Los levitas no comenzaban su servicio hasta que tuvieran veinticinco años; y los sacerdotes comenzaban a servir a la edad de treinta años. Después del éxodo de Egipto, los hijos de Israel vagaron por el desierto durante muchos años debido a su incredulidad. Sólo a aquellos que tenían de veinte años para abajo, se les permitió vivir y entrar a la tierra prometida; todos los demás murieron en el desierto, como estudiamos en el libro de Números, capítulo 14, versículo 29. Dios no hizo responsables a los que tenían menos de veinte años. No sabemos qué edad tenía Samuel, pero seguramente no era un niño. ¿Constituyen entonces los veinte años la edad de la responsabilidad? Bueno, no lo sabemos. Solamente sugerimos que es mayor de lo que muchos creen que es.

Ahora, siempre ha surgido esta pregunta: ¿Habría llamado Dios a Samuel una quinta, una sexta, una séptima, o aún más veces? Creemos de todo corazón que hay un tiempo para ser salvo. Y parece que también hay un tiempo cuando a uno ya le es imposible volverse a Dios.

Cuando Hermann Goering, lugarteniente de Hitler, fue puesto en la prisión en los días de su juicio, y más tarde cuando iba a ser ejecutado, el capellán de la prisión tuvo una larga entrevista con él. El capellán hizo énfasis en la necesidad de prepararse para el encuentro con Dios.

Durante la conversación, Goering se burló de ciertas verdades bíblicas y rehusó aceptar el hecho de que Cristo murió por los pecadores. Su negativa fue una negación consciente del poder de la sangre de Jesucristo. La idea de que "La muerte es la muerte" fue la esencia de sus últimas palabras. Al recordarle el capellán la esperanza de su hija pequeña de verlo allá en el cielo, él contestó: "Ella cree a su manera y yo a la mía". El capellán se sintió muy desalentado cuando se despidió de él. Antes de que hubiera transcurrido una hora, oyó las noticias de que Hermann Goering se había suicidado. Dios había llamado a este hombre, pero él rehusó persistentemente la invitación. Es posible que Dios le llame a usted muchas veces, pero al parecer, llega un día en que el corazón del hombre se endurece, se insensibiliza demasiado como para poder responder. Ahora en Proverbios capítulo 29, versículo 1, leemos así: "El hombre que al ser reprendido, se vuelve terco, de repente y sin remedio será quebrantado". No creemos que ahora le sea posible a uno cometer un pecado imperdonable, es decir, que sea posible hacer algo hoy, que mañana Dios no pueda perdonar. Pero, ¿quita acaso Dios Su gracia? No. Dios nunca hará eso. Pero al hombre le es posible resistir, y rebelarse, y rechazar; hasta que su conciencia se endurezca y se vuelva insensible. Los hombres como: Caín, Balaam, Sansón, Coré, y Acab, todos ellos llegaron al día cuando volvieron las espaldas a Dios. En el capítulo 24 de los Hechos de los Apóstoles, versículo 25, tenemos el caso de Félix, el procurador romano, ante quien Pablo fue acusado, y allí se nos dice: "Pero al disertar Pablo acerca de la justicia, del dominio propio y del juicio venidero, Félix se espantó, y dijo: Ahora vete; pero cuando tenga oportunidad te llamaré". Y en el capítulo 26 de los Hechos, versículo 28, después de escucharle, el rey Agripa le dijo a Pablo: "Por poco me persuades a ser cristiano". Continuemos leyendo los versículos 8 al 10 de 1 Samuel 3.

"Jehová, pues, llamó por tercera vez a Samuel. Y él se levantó, vino ante Elí, y le dijo: Heme aquí; ¿para qué me has llamado? Entonces entendió Elí que Jehová llamaba al joven, y le dijo: Ve y acuéstate; y si te llama,

di: Habla, Jehová, que tu siervo escucha. Así se fue Samuel y se acostó en su lugar. Vino Jehová, se paró y llamó como las otras veces: ¡Samuel, Samuel! Entonces Samuel dijo: Habla, que tu siervo escucha".

Estos versículos contienen la tercera y la cuarta llamada a Samuel. Éstas fueron las llamadas para el servicio. Consideremos ahora a Samuel como último juez y primer profeta. Leamos los versículos 11 y 12 de este capítulo 3 del primer libro de Samuel:

"Dijo el Señor a Samuel: Yo haré una cosa en Israel que a quien la oiga le zumbarán ambos oídos. Aquel día yo cumpliré contra Elí todas las cosas que he dicho sobre su casa, desde el principio hasta el fin".

Cuando Dios dice algo, Estimado lector, es como si ya lo hubiera hecho. En el Antiguo Testamento tenemos lo que se ha llamado "el tiempo profético". Es una frase expresada en un tiempo pasado, pero que habla del futuro. Dios habla de las cosas que todavía no han sucedido, como si ya hubieran ocurrido. Cuando Dios dice que algo va a suceder, verdaderamente va a ocurrir. Dios habló a Samuel en estos versículos y le dijo que estaba por actuar contra la casa de Elí.

Ahora, observemos que este muchacho Samuel fue fiel a Elí hasta el fin. No trató de socavar su posición de manera oculta. Fue a Elí y le contó todo lo que Dios le había dicho. ¡Ah, cuánto se necesitan hoy la fidelidad y la lealtad entre aquellos que sirven al Señor! Leamos ahora los últimos versículos de este capítulo 3 del primer libro de Samuel, versículos 19 al 21:

"Samuel crecía y el Señor estaba con él; y no dejó sin cumplir ninguna de sus palabras. Todo Israel, desde Dan hasta Beerseba, supo que Samuel era fiel profeta del Señor. Y el Señor volvió a aparecer en Silo, porque en Silo se manifestaba a Samuel la palabra del Señor".

Ahora, ¿Cómo se reveló Dios? Por Su Palabra. Dios hoy también se revela por medio de Su Palabra. Él está iluminando por su Espíritu

las páginas de las Escrituras. Así es como usted y yo, Estimado lector, llegamos a conocerle y conocerle a Él, es ocuparse en los asuntos de la vida eterna.

Y así terminamos nuestro estudio del capítulo 3 de este primer libro de Samuel.

1 Samuel 4

Los israelitas sin consultar a Samuel, salieron a luchar contra los filisteos, lo cual condujo a su derrota. Luego se llevaron el arca del pacto a la batalla creyendo que su presencia les daría la victoria. Esto revela el paganismo supersticioso del pueblo, que creyó que había algún mérito en el objeto mismo. El mérito y poder sólo están en la presencia y en la persona de Dios. El Arca fue capturada; y los hijos de Elí, Ofni y Finees fueron muertos. Elí, al oír las noticias, cayó hacia atrás y murió. Comenzaremos considerando el párrafo en que

El arca fue capturada por los filisteos

Este capítulo 4 presenta una descripción triste de veras. Vemos la condición espiritual de Israel en aquel entonces. Dios cumpliría aquí lo que dijo que le haría a la casa de Elí. Leamos entonces los versículos 1 al 3:

> "Samuel hablaba a todo Israel. Por aquel tiempo salió Israel a librar batalla con los filisteos, y acampó junto a Eben-ezer, mientras los filisteos acamparon en Afec. Los filisteos presentaron batalla a Israel, y trabándose el combate, Israel fue vencido delante de los filisteos, los cuales hirieron en el campo de batalla como a cuatro mil hombres. Cuando volvió el pueblo al campamento, los ancianos de Israel dijeron: ¿Por qué nos ha herido hoy el Señor delante de los filisteos? Vayamos a Silo y traigamos el Arca del pacto del Señor, para que, estando en medio de nosotros, nos salve de manos de nuestros enemigos".

Esta porción de las Escrituras nos da una revelación de la superstición de Israel y de cuán lejos se encontraban de Dios. Nos muestra cuán fuerte era su sentimiento de autosuficiencia y su egoísmo. Israel, sin consultar a Samuel salió a luchar contra los filisteos. Y, ¿qué sucedió? Fueron derrotados. ¿Qué les faltó? Ellos creyeron que quizá debieran haber llevado el arca con ellos a la batalla. Por su historia sabían que el arca había dividido las aguas del río Jordán para que Israel pasara en seco. Por tanto, decidieron llevar el Arca del Pacto a la batalla, creyendo que su mera presencia les otorgaría la victoria. Esto revela la superstición y el paganismo de esta gente que creía que había algún mérito o poder especial en un objeto. Pero aquel arca o cofre no tenía ningún mérito o poder propio porque Dios no estaba en el arca. No se puede meter a Dios en un cofre. El mérito y el poder sólo se encontraban en la presencia y en la persona de Dios. Y esto debiera tenerse en cuenta hoy. Habrá métodos o sistemas más o menos eficaces desde un punto de vista humano. Desde un punto de vista espiritual, tales procedimientos, como el trabajo frenético, el voluntarismo, y el activismo, por sí mismos, no garantizan en manera alguna la aprobación o la bendición de Dios. Porque solo la presencia y el poder de Dios pueden producir una auténtica bendición, transformando a los creyentes y atrayendo al Señor Jesucristo a los que aún no han creído.

Continuemos ahora leyendo los versículos 4 y 5 de este capítulo 4 del primer libro de Samuel:

> *"El pueblo envió gente a Silo, y trajeron de allá el Arca del pacto del Señor de los ejércitos, que habitaba entre los querubines; y los dos hijos de Elí, Ofni y Finees, estaban allí con el Arca del pacto de Dios. Aconteció que cuando el Arca del pacto del Señor llegó al campamento, todo Israel gritó con júbilo tan grande que la tierra tembló".*

Israel iba a entrar en batalla. Enviaron a buscar el arca del pacto en Silo. Como Ofni y Finees eran oficialmente los sacerdotes, veremos qué harían lo que se les ordenó hacer. Cuando el arca fue traída al campamento, los israelitas tuvieron una gran reunión. Creían que se estaban comportando de una manera espiritual, pero sus acciones no constituyeron nada más que una muestra de idolatría misma. ¿Sería un hábito adquirido de la idolatría de los paganos? Estaban adorando a un cofre y no a Dios. Tengamos sumo cuidado con nuestras ceremonias y ritos en nuestras Iglesias. ¿Adoramos nosotros a una Iglesia, a un lugar en particular, a un ser humano, o a un determinado método o modo de hacer las cosas? ¿O adoramos realmente al Dios vivo y verdadero? Sigamos adelante con los versículos 6 al 8 de este capítulo 4:

"Al escuchar los filisteos las voces de júbilo dijeron: ¿Qué gritos de júbilo son estos en el campamento de los hebreos? Y supieron que el Arca del Señor había sido traída al campamento. Entonces los filisteos tuvieron miedo, porque se decían: Ha venido Dios al campamento. Y exclamaron: ¡Ay de nosotros!, pues hasta ahora no había sido así. ¡Ay de nosotros! ¿Quién nos librará de manos de estos dioses poderosos? Estos son los dioses que hirieron a Egipto con toda clase de plagas en el desierto".

Los filisteos comprendieron que el arca del pacto había llegado al campamento de los israelitas. Y tuvieron miedo porque dijeron: "Ha venido Dios al campamento". Para ellos el arca era un ídolo. Y esto muestra que los filisteos eran a la vez supersticiosos e ignorantes. No sabían que no había ningún mérito en un cofre. Aunque habían oído de Su poder, ciertamente no conocían al Dios vivo y verdadero. Llegamos a un párrafo en el que se nos cuenta como

Elí murió y la gloria de Dios se apartó de Israel

La tragedia puede resumirse diciendo que los filisteos y los israelitas lucharon, siendo derrotados los israelitas, que sufrieron una gran matanza. El arca de Dios fue capturada y los hijos de Elí, Ofni y Finees, fueron muertos. Leamos los versículos 12 y 13:

> *"Un hombre de Benjamín salió corriendo del campo de batalla y llegó aquel mismo día a Silo, rotos sus vestidos y la cabeza cubierta de tierra. Cuando llegó, Elí estaba sentado en una silla vigilando junto al camino, porque su corazón temblaba a causa del Arca de Dios. Vino, pues, aquel hombre a la ciudad y, al dar las noticias, toda la ciudad gritó".*

El anciano Elí, con todos sus defectos, era el sumo sacerdote de Dios, y estaba profundamente preocupado por las cosas de Dios y la situación en aquellos momentos. Continuemos leyendo los versículos 14 al 16 de 1 Samuel 4:

> *"Cuando Elí oyó el estruendo de la gritería, preguntó: ¿Por qué hay tanto alboroto? Aquel hombre vino de prisa y le dio las noticias a Elí. Ya éste tenía noventa y ocho años de edad y sus ojos se habían oscurecido, de modo que no podía ver. Dijo, pues, aquel hombre a Elí: Vengo de la batalla, he escapado hoy del combate. ¿Qué ha acontecido, hijo mío? le preguntó Elí".*

Cuando las noticias de la terrible derrota de Israel llegaron a la ciudad, se oyó un gran clamor de angustia. Entonces Elí, anciano y ciego quiso saber qué había sucedido. Continuemos con los versículos 17 y 18:

> *"El mensajero respondió: Israel huyó delante de los filisteos y hubo gran mortandad entre el pueblo. Han muerto también tus dos hijos, Ofni y Finees, y el Arca de Dios ha sido tomada. Cuando el mensajero hizo mención del Arca de Dios, Elí cayó de su silla hacia atrás, al lado de la puerta, y se desnucó y murió, pues era hombre viejo y pesado. Había sido juez en Israel durante cuarenta años".*

Israel en verdad había perdido la batalla. Un hombre de la tribu de Benjamín llegó a la ciudad y les dijo todo lo que había acontecido. Estas malas noticias causaron un gran griterío entre el pueblo. Entonces, este mismo mensajero que había sido testigo presencial, le contó todo. Elí mantuvo su compostura cuando le informó de la muerte de sus hijos, pero cuando supo que el arca de Dios había sido capturada, cayó hacia atrás y murió. Aunque había sido un padre débil, indulgente, fue un hombre de Dios. Y su muerte, colocó a Samuel en la posición de portavoz de Dios.

Una de las tristes realidades de este relato, fue que el símbolo de la presencia de Dios, se había apartado de aquel pueblo. Pero la verdad era que el pueblo se había alejado primero de Dios, de Su Palabra, y de Su voluntad. Nuestro programa finaliza con un mensajero que trajo las malas noticias de una derrota memorable y de la muerte de muchos. Pero hoy, Dios nos ha traído esta lección de la historia para que recordemos que el Dios lejano, lejano con respecto al pecado, la maldad y la perversidad humana, es al mismo tiempo el Dios cercano que envió a Su Hijo, quien vino a esta tierra a buscar, a salvar a quienes, al alejarse de Él se habían perdido, entregando Su vida en la cruz. Estimado lector, la Palabra de Dios, el Evangelio, es hoy como el mensajero que le trae la buena noticia de la salvación y la vida eterna.

1 Samuel 4:19-7:6

Estamos llegando ya al final del capítulo 4 de este primer libro de Samuel. Y en el capítulo anterior, vimos cómo los israelitas habían salido a luchar contra los filisteos sin consultar a Dios por medio de Samuel. Y vimos cómo fueron vencidos, cómo perdieron la batalla y un hombre de la tribu de Benjamín llegó a la ciudad y les contó que muchos israelitas habían sido muertos, incluyendo entre ellos a los hijos de Elí, y que el arca de Dios, había sido tomada. Ahora, estas malas noticias causaron un gran griterío de desesperación entre el pueblo. Elí oyó el clamor y quiso saber qué era lo que pasaba. Este mismo mensajero entonces, que había sido testigo presencial, le contó lo que había sucedido.

Elí, el último de los jueces de Israel era a la vez el sumo sacerdote. Cuando le informaron de la muerte de sus hijos, quedó traspasado de dolor. Era un padre indulgente, pero mantuvo su serenidad ante la noticia de la muerte de sus hijos. Elí, con todos sus defectos era un padre débil, con una piedad sin carácter, pero tenía un interés genuino en las cosas de Dios. Cuando le dijeron que el arca había sido tomada, eso fue demasiado para él. Al parecer, estaba sentado en una silla elevada. Era un hombre grande y grueso y al oír la noticia de la pérdida del arca, entonces cayó hacia atrás y se desnucó. Y esta muerte, entonces, colocó a Samuel en la posición de ser el portavoz de Dios.

Este capítulo concluye entonces con el relato del nacimiento del nieto de Elí, que ocurrió casi en el mismo instante de su muerte. Leamos entonces los versículos 19 al 22 que narran el nacimiento de Icabod, cuyo nombre significa literalmente "sin gloria". Leamos estos versículos:

"Su nuera, la mujer de Finees, estaba encinta y próxima al alumbramiento. Cuando oyó el rumor de que el Arca de Dios había sido tomada y que su suegro y su marido habían muerto, se inclinó y dio a luz, pues le sobrevinieron sus dolores de repente. Al tiempo que moría, las que estaban junto a ella le decían: No tengas temor, porque has dado a luz un hijo. Pero ella no respondió ni se dio por enterada. Y llamó al niño Icabod, diciendo: ¡La gloria ha sido desterrada de Israel!, por haber sido tomada el Arca de Dios y por la muerte de su suegro y de su marido. Dijo, pues: La gloria ha sido desterrada de Israel; porque había sido tomada el Arca de Dios".

Y así concluye el capítulo 4 de este primer libro de Samuel.

1 Samuel 5 y 6

El tema general de estos capítulos es el juicio de Dios sobre los filisteos. Describen las experiencias de los filisteos con al arca del pacto en posesión de ellos. Tuvieron que aprender que no había ningún mérito en el arca para traerles bienestar ni buena suerte, sino más bien, todo lo contrario. Dice 1 Samuel 5:6, que la mano del Señor les castigó severamente. En este capítulo vemos que los filisteos metieron el arca en la casa de su ídolo Dagón. Dagón fue derribado y sus brazos y piernas se quebraron. Y los filisteos fueron heridos con tumores de una extraña enfermedad y muchos de ellos murieron. Y esto les infundió gran temor, y entonces decidieron enviar el arca a Gat, y allí fue llevada a Ecrón. Pero una devastación mortal siguió al arca dondequiera que fue llevado. Entonces los filisteos, temiendo por sus vidas, lo devolvieron a Israel. Comencemos, pues, considerando en detalle el juicio de Dios sobre los filisteos, debido al arca. Leamos los primeros 4 versículos de este capítulo 5 del primer libro de Samuel:

"Cuando los filisteos capturaron el Arca de Dios, la llevaron desde Eben-ezer a Asdod. Tomaron los filisteos el Arca de Dios, la metieron en la casa de Dagón y la pusieron junto a Dagón. Cuando al siguiente día

los de Asdod se levantaron de mañana, encontraron a Dagón postrado en tierra delante del Arca del Señor. Tomaron a Dagón y lo devolvieron a su lugar. Al levantarse de nuevo de mañana, al siguiente día, Dagón había caído postrado en tierra delante del Arca del Señor, y la cabeza de Dagón y sus dos manos estaban cortadas sobre el umbral; a Dagón solamente le quedaba el tronco".

Cuando los filisteos tomaron el arca, creyeron que tenían en sus manos algo bueno, un valioso despojo, pero cada vez que la metían en la casa de Dagón, el ídolo se caía. Ahora, queremos decirle algo que no creemos que encuentre en ningún comentario. Hemos leído que cada vez que el arca del Señor era introducida en la casa de Dagón, el ídolo se caía, y como vemos aquí, no quedaba nada sino su tronco. Creemos que eso revela el sentido de humor de Dios. Dios les estaba revelando a los filisteos que el dios de ellos no tenía poder, era impotente ante la presencia del Dios único y verdadero. Ésta fue una manera dramática de demostrarlo, que irritó notablemente a los filisteos. Pronto se dieron cuenta que no había ningún mérito en poseer el arca. Más bien era para ellos un verdadero peligro. Leamos ahora, los versículos 5 al 7:

"Por esta causa, los sacerdotes de Dagón y todos los que entran en el templo de Dagón no pisan el umbral de Dagón en Asdod, hasta el día de hoy. La mano del Señor cayó sobre los de Asdod y los destruyó, hiriéndolos con tumores, en Asdod y en todo su territorio. Al ver esto, los de Asdod dijeron: Que no se quede entre nosotros el Arca del Dios de Israel, porque su mano se ha endurecido contra nosotros y contra nuestro dios Dagón".

Ahora, ya no es solamente su ídolo Dagón el afectado, sino los mismos habitantes de Asdod, quienes sufrieron tumores dolorosos. Dándose cuenta de que esas calamidades no eran casuales, enviaron el arca a otra ciudad filistea. Continuemos con los versículos 8 al 10:

"Convocaron, pues, a todos los príncipes de los filisteos, y les preguntaron: ¿Qué haremos con el Arca del Dios de Israel? Ellos respondieron: Trasládese el Arca del Dios de Israel a Gat. Y trasladaron allá el Arca del Dios de Israel. Pero cuando se la llevaron, la mano del Señor cayó sobre la ciudad provocando un gran pánico; y afligió a los hombres de aquella ciudad, y desde el más pequeño hasta el mayor se llenaron de tumores. Entonces enviaron el Arca de Dios a Ecrón. Pero cuando el Arca de Dios llegó a Ecrón, los ecronitas exclamaron: Nos han traído el Arca del Dios de Israel para matarnos a nosotros y a nuestro pueblo".

Entonces se celebró una reunión de los jefes de los filisteos, quienes se hicieron una sola pregunta. ¿Qué haremos con el arca del Dios de Israel? Así fue como el sucesivo paso del arca por las ciudades de Gat y Ecrón continuó sembrando el pánico y las plagas. Finalmente decidieron enviar el arca de regreso a Israel. Leamos los dos últimos versículos de este capítulo 5 del primer libro de Samuel, el 11 y el 12:

"Convocaron y reunieron a todos los príncipes de los filisteos y les dijeron: Enviad el Arca del Dios de Israel, y regrese a su lugar, para que no nos mate a nosotros ni a nuestro pueblo; pues había un terror mortal en toda la ciudad, porque la mano de Dios los había castigado duramente. Los que no morían estaban llenos de tumores, y el clamor de la ciudad subía al cielo".

Y así concluye el capítulo 5 de este primer libro de Samuel. Llegamos al capítulo 6. Entremos, pues ahora, en nuestro estudio directo de este capítulo 6 del Primer Libro de Samuel. El primer versículo de este capítulo 6 dice:

"Estuvo el Arca del Señor en la tierra de los filisteos siete meses".

Dondequiera que ponían el arca cerca de un ídolo de Dagón, el ídolo se caía y se rompía. Todo lo que quedaba en pie era el tronco, y eso, por supuesto, no era un objeto muy satisfactorio para adorar. Ya leímos sobre las dolorosas experiencias de los habitantes de Gat y Ecrón. Y leamos ahora los versículos 2 al 4 de este capítulo 6 del primer libro de Samuel:

"Entonces los filisteos, llamando a los sacerdotes y adivinos, preguntaron: ¿Qué haremos con el Arca del Señor? Hacednos saber de qué manera podemos devolverla a su lugar. Ellos dijeron: Si enviáis el Arca del Dios de Israel, no la enviéis vacía, sino ofrecedle una reparación; entonces seréis sanos y conoceréis por qué no se apartó de vosotros su mano. Ellos dijeron: ¿Y qué reparación le pagaremos? Ellos respondieron: Conforme al número de los príncipes de los filisteos, cinco tumores de oro y cinco ratones de oro, porque una misma plaga os ha afligido a todos vosotros y a vuestros príncipes".

Los filisteos a toda costa querían librarse del arca, pero no estaban seguros de cómo debían enviarla de vuelta a Israel. Por eso, consultaron con los sacerdotes y los adivinos, quienes les aconsejaron que no debían devolver el arca vacía. Les dijeron que tenían que enviar una ofrenda; y esa ofrenda nos da a conocer la vileza de la adoración pagana de los filisteos.

Muchos se preguntan en cuanto al motivo por el cual Dios expulsó de Su tierra a los filisteos. La tierra prometida estaba en la misma encrucijada del mundo, de modo que aquellos que la ocupaban influirían sobre los habitantes de todo el mundo. Dios los expulsó debido a sus malas y perversas maneras de adoración pagana, maneras que no sería incluso conveniente expresarse detalladamente en un programa de radio. Se habían alejado completamente de Dios. Y aquí, Dios les estaba dando una oportunidad de volverse a Él. Leamos ahora el versículo 11, de 1 Samuel 6:

"Luego pusieron el Arca del Señor, la caja con los ratones de oro y las figuras de sus tumores sobre el carro".

Los filisteos pusieron el arca y la caja que contenía los objetos viles de su adoración sobre el carro. Nada les sucedió por haberla colocado en un carro. ¿Y por qué? Francamente, ellos no sabían nada ni tenían ningún conocimiento sobre el respeto y la reverencia debidos al arca del pacto. Dios no les haría responsables por este acto, que cometieron en su ignorancia. Pero en el caso de Israel era diferente. Los israelitas sabían cuál debía ser su actitud con respecto al arca y más adelante veremos que Dios les juzgaría por la manera en que actuaron con el arca. ¿A qué se debió esta diferencia en el trato de Dios? En que los israelitas tenían otro conocimiento que no tenían los filisteos y Dios, que juzga a cada uno según el conocimiento que Él mismo le ha dado, consideró que los israelitas eran responsables, al conocer las reglas establecidas y las consecuencias del no cumplirlas. Continuemos leyendo el versículo 12:

"Las vacas se encaminaron por el camino de Bet-semes, y seguían recto, andando y bramando, sin apartarse ni a derecha ni a izquierda del camino. Los príncipes de los filisteos fueron tras ellas hasta el límite de Bet-semes".

Las vacas que fueron enganchadas al carro estaban evidentemente yendo contra su instinto natural, al dejar sus becerros en casa. Ésta fue una prueba convincente para los filisteos de que sus penurias habían sido causadas por la acción de Dios. Continuemos leyendo los versículos 13 al 15, de 1 Samuel 6:

"Los de Bet-semes estaban segando el trigo en el valle. Al levantar los ojos, divisaron el Arca y se regocijaron de verla. El carro llegó al campo de Josué de Bet-semes y se paró allí, donde había una gran piedra. Ellos cortaron la madera del carro y ofrecieron las vacas en holocausto al Señor. Los levitas bajaron el Arca del Señor y la caja que estaba junto a ella, en la cual se encontraban las joyas de oro, y las pusieron sobre aquella gran piedra. Los hombres de Bet-semes sacrificaron holocaustos y dedicaron sacrificios al Señor en aquel día".

La actitud de los israelitas de no aceptar nada para ellos mismos de parte de los filisteos, fue encomiable. Y dice el versículo 16:

"Cuando vieron esto los cinco príncipes de los filisteos, regresaron a Ecrón el mismo día".

Los filisteos vieron que el arca había sido recibida y se sintieron satisfechos por haberse librado de ella. Pero ahora veremos que cuando los israelitas recibieron el arca, inmediatamente tuvieron problemas con ella. Leamos el versículo 19, de 1 Samuel 6:

"Entonces Dios hizo morir a los hombres de Bet-semes, porque habían mirado dentro del Arca del Señor. Hizo morir a cincuenta mil setenta hombres del pueblo. Y lloró el pueblo, porque el Señor lo había herido con una mortandad tan grande".

Los hombres de Bet-semes hicieron algo que Dios había prohibido estrictamente. El arca pertenecía al lugar santísimo del tabernáculo. Solo podía ser contemplado por el sumo sacerdote a quien, incluso, solo se le permitía entrar en aquel lugar donde se encontraba el arca, una vez al año. Cuando el arca debió ser transportada, durante la travesía del desierto, había sido reverentemente cubierta, para que nadie pudiera verla. Como dijimos anteriormente, los filisteos no sabían nada al respecto y por ello, no fueron castigados. Pero los israelitas, sí lo sabían. Dice el versículo 20:

"Los de Bet-semes dijeron: ¿Quién podrá estar delante del Señor, el Dios santo? ¿A quién la enviaremos nosotros?"

La cuestión no fue que hubiesen mirado el arca y vieran algo que no debieran haber visto. Ése no fue el problema. El arca era solo un cofre, lo que siempre había sido. El problema fue que era en el arca, colocada en el lugar santísimo, donde Dios se reunía con Su pueblo. Él no tenía ningún encuentro con ellos en esa época, porque ellos se habían apartado de Él. Su rebelión y blasfemia se revelaron en su desobediencia a Dios. A causa de ello, Dios trajo juicio sobre ellos. Y dice el versículo 21, de 1 Samuel 6:

"Entonces enviaron mensajeros a los habitantes de Quiriat-jearim, diciendo: Los filisteos han devuelto el Arca del Señor; descended, pues, y lleváosla".

Entonces vemos que, revelando una actitud supersticiosa, quisieron librarse del arca. En otras palabras, Israel no estaba preparado para recibir el arca. El pueblo de Dios no estaba preparado para volverse a Él.

Y así concluye el capítulo 6 de este primer libro de Samuel. Nos encontramos ahora en

1 Samuel 7:1-6

Y en este capítulo vemos que el arca fue traída a la casa de Abinadab. Los israelitas se arrepintieron solemnemente. Los filisteos fueron vencidos y Samuel juzgó a Israel. Después de pasar veinte años, Israel hizo los preparativos para recibir el arca. Israel por fin se apartó de su adoración de los Baales y de Astarot para servir a Dios. Comencemos, pues, leyendo los primeros dos versículos de este capítulo 7 del primer libro de Samuel, en los cuales vemos que

Samuel encabezó una renovación

"Vinieron los de Quiriat-jearim, se llevaron el Arca del Señor y la pusieron en casa de Abinadab, situada en el collado; y santificaron a Eleazar, su hijo, para que guardara el Arca del Señor. Desde el día en que llegó el Arca a Quiriat-jearim pasaron muchos días, veinte años; y toda la casa de Israel suspiraba por el Señor".

Después de pasar veinte años, los israelitas comenzaron a volverse a Dios. También se apartaron de la adoración pagana de los

Baales y de Astarot. Por fin llegaron al momento en que estaban dispuestos a buscar a Dios.

Estimado lector, en este tiempo en que vivimos parece haber un interés renovado en la Palabra de Dios. Es nuestra firme convicción que el pueblo de Dios necesita volverse a la Biblia. Y creemos que toda la Biblia, desde el Génesis hasta el Apocalipsis, es la Palabra de Dios. Creemos en la integridad y veracidad de la Biblia, y en el hecho de que necesitamos volver a sus enseñanzas. Nos hemos estado demorando mucho en nuestro regreso a la Palabra de Dios. El progreso ha sido lento. ¿Cuántos años más pasarán?

Muchos hoy en día, se cansan de escuchar a algunos políticos, que hacen promesas y frecuentemente no las cumplen. En su defensa habría que decir que muchas veces no pueden cumplirlas, porque sus ideales tropiezan con la maldad y egoísmo del ser humano. También escuchamos panaceas expresadas por agentes sociales y profesionales de todas las áreas. Solo hay un problema: y es que algunas veces, aunque buenos proyectos se pongan en marcha, no pueden convertirse en realidad o alcanzar los objetivos propuestos. Quizás en su desesperación o frustración, al romperse los ideales y las ilusiones, muchos se vuelvan a Dios. Eso es lo que le ocurrió a Israel después de pasar veinte años alejados de Él. Continuemos leyendo los versículos 3 y 4 de este capítulo 7 del primer libro de Samuel:

> *"Habló entonces Samuel a toda la casa de Israel, diciendo: Si de todo vuestro corazón os volvéis al Señor, quitad de entre vosotros los dioses ajenos y a Astarot, dedicad vuestro corazón al Señor y servidle solo a él, y él os librará de manos de los filisteos. Entonces los hijos de Israel quitaron a los baales y a Astarot, y sirvieron solo al Señor".*

Éste fue en verdad el principio del gran ministerio de Samuel. Los israelitas se hallaban sumidos en la idolatría. Se habían apartado del Dios vivo y verdadero. Habían sido derrotados en tantas batallas que el sufrimiento se había convertido en algo habitual para ellos, y estaban extremadamente desalentados, al no poder salir de esa situación crónica. Estaban comenzando a lamentarse de su estado ante el Señor. Nosotros, Estimado lector, también necesitamos volver al Señor. Hay gran hambre espiritual en el corazón de muchos hijos pródigos como el de aquella parábola que relató el Señor, que se hallan lejos del hogar en la provincia apartada, y dicen: "Estamos cansados de comer las algarrobas que comen los cerdos. Queremos regresar a la casa del Padre". Pues bien, entonces necesitan pasar por la puerta de la Palabra de Dios. Leamos ahora los versículos 5 y 6 de este capítulo 7 del primer libro de Samuel:

> *"Luego dijo Samuel: Reunid a todo Israel en Mizpa, y yo oraré por vosotros al Señor. Se reunieron, pues, en Mizpa, sacaron agua y la derramaron delante del Señor; ayunaron aquel día allí, y dijeron: Contra el Señor hemos pecado. Y juzgó Samuel a los hijos de Israel en Mizpa".*

Samuel no fue solamente profeta de Israel, sino también juez de la nación. Aquí vemos a Israel convirtiéndose de los falsos dioses al Dios verdadero. Este hombre Samuel estaba orando por ellos, y ellos confesaron sus pecados. Éste fue el camino de regreso para el pueblo de Dios. No creemos que haya otro camino de regreso. Oímos mucho acerca de toda clase de métodos en la actualidad, que serán bendecidos por Dios. Y lo que el pueblo de Dios necesita hacer es ir a Dios y confesarle sus pecados. Ellos necesitan verse a la luz de la Palabra de Dios. Si realmente nos vemos a nosotros mismos, comprobaremos que, como dijo Pablo en Romanos 3:23, estamos lejos de la presencia gloriosa de Dios. Y entonces podemos tener la certeza de que la sangre del Señor Jesucristo continúa limpiándonos de toda maldad, como nos recuerda 1 Juan 1:9. La confesión de pecado restaurará la comunión del creyente con su Dios.

Estimado lector. En este pasaje hemos visto que cuando las personas reconocen su verdadera situación frente a Dios, Él, por medio de Su Espíritu, comienza a transformarlas, a renovarlas. Si la persona es creyente, como acabamos de ver, Dios la restaura, la renueva y continúa transformándola. Si la persona aún no ha creído en el Señor Jesucristo, el reconocimiento de su falta de relación con Dios, y de que sus pecados la mantienen en un estado de perdición, la llevarán a admitir su necesidad de un Salvador. Y Dios, que ve el estado real de cada uno, por Su Espíritu Santo regenerará a aquel hombre, a aquella mujer, que, por la fe, desee confiar en ese Salvador y Señor que se complace en recibir a los pecadores.

1 Samuel 7:7-9:15

Continuando con nuestro estudio en el capítulo 7 de este primer libro de Samuel, vamos a leer los versículos 7 hasta el 11 de este capítulo 7, para considerar

La victoria de Ebenezer

"Cuando supieron los filisteos que los hijos de Israel estaban reunidos en Mizpa, subieron los príncipes de los filisteos contra Israel; al oír esto, los hijos de Israel tuvieron temor de los filisteos. Entonces dijeron los hijos de Israel a Samuel: No ceses de clamar por nosotros al Señor, nuestro Dios, para que nos guarde de manos de los filisteos. Tomó Samuel un cordero de leche y lo sacrificó entero en holocausto al Señor; y clamó Samuel al Señor por Israel, y el Señor lo escuchó. Mientras Samuel sacrificaba el holocausto, los filisteos llegaron para pelear con los hijos de Israel. Pero el Señor tronó aquel día con gran estruendo sobre los filisteos, los atemorizó y fueron vencidos delante de Israel. Los hijos de Israel salieron de Mizpa, siguieron a los filisteos y los hirieron hasta abajo de Bet-car".

Aquí Dios le dio una gran victoria a Israel, y ésta fue la primera victoria que habían ganado en mucho tiempo. Además ésta fue una victoria de gran importancia estratégica para Israel. Antes de esta batalla los israelitas habían caído en idolatría y en una amarga rebelión. Cuando empezaron a volverse a Dios, Samuel les exigió una confesión de sus pecados y una promesa de volverse a Dios. Ahora, cuando hicieron esto, el resultado fue una victoria notable sobre los filisteos. Leamos ahora el versículo 12:

"Tomó luego Samuel una piedra, la colocó entre Mizpa y Sen, y le puso por nombre Eben-ezer, porque dijo: Hasta aquí nos ayudó el Señor".

El nombre Eben-ezer significa: "piedra de ayuda". La declaración de Samuel "Hasta aquí nos ayudó el Señor" la convertía en una piedra de recuerdos, que miraba hacia el pasado. Era también una piedra de reconocimiento, una piedra para el presente. Y por otra parte era una piedra de revelación, y una piedra para el futuro.

A veces acostumbramos a reflexionar sobre el pasado. Recordemos lo que el Señor habló por medio del apóstol Pablo en su carta a los Filipenses, en el capítulo 1, de esa carta, versículo 6: "estando persuadido de esto, que el que comenzó en vosotros la buena obra, la perfeccionará hasta el día de Jesucristo". Estimado lector: ¿Le ha traído Dios a usted hasta aquí? ¿Le está guiando hoy? ¿Le ha ayudado hasta aquí? Si Él le ha guiado y ayudado, entonces usted también puede decir: "Hasta aquí me ayudó el Señor". Y confiar sin lugar a dudas, que si Él le ayudó hasta este momento, no cabe duda de que Él continuará ayudándole.

Estamos seguros de que todos podemos decir: "Hasta aquí nos ayudó el Señor". Josué, por ejemplo pudo decir en el capítulo 24 de su libro, versículo 15: "pero yo y mi casa serviremos al Señor". David también pudo decir en el Salmo 107, versículos 1 y 2: "Alabad al Señor, porque él es bueno; porque para siempre es su misericordia. Díganlo los redimidos del Señor, los que ha redimido del poder del enemigo". Yo personalmente quiero decir que el Señor es bueno.

Hace tiempo un comerciante me comentó lo siguiente: "¿Sabe que el uso del tiempo puede ser semejante a la terminología bancaria? El ayer, es un cheque ya cancelado; el mañana, es una nota de crédito; pero el día de hoy, es dinero en efectivo. Úselo sabiamente". Samuel, pues, levantó una piedra de reconocimiento. Estimado lector, ¿Reconoce usted la presencia de Dios en ciertos momentos de su vida? Eso es lo que quiso decir Samuel con esa piedra de Eben-ezer. Esa piedra, era además una piedra de revelación. No solamente significaba "hasta aquí",

sino también "de aquí en adelante". El salmista David, en el Salmo 23:1, dijo: "El Señor es mi pastor" y después, mirando al futuro añadió: "nada me faltará". Una vez alguien dijo: "Tengo interés en el futuro porque espero pasar el resto de mi vida allí, y quiero estar razonablemente seguro de cómo va a ser". Y el apóstol Pablo en su carta a los Romanos, capítulo 8, versículo 28 dice: "Sabemos, además, que a los que aman a Dios, todas las cosas les ayudan a bien, esto es, a los que conforme a su propósito son llamados". El Dr. Torrey siempre decía que este versículo aquí en Romanos, capítulo 8, versículo 28, era como una almohada suave para el corazón cansado. Todos necesitamos una piedra de Eben-ezer. Esperamos Estimado lector, que usted tenga una en su vida. Leamos ahora el versículo 13 de este capítulo 7 del primer libro de Samuel:

"Así fueron sometidos los filisteos y no volvieron a entrar más en el territorio de Israel; y la mano del Señor estuvo contra los filisteos todos los días de Samuel".

Creemos que se puede decir que desde entonces y en adelante, los filisteos nunca más serían los enemigos tan dominantes ni formidables que habían sido antes de esta batalla. Ésta fue una batalla significativa y por eso se erigió esta piedra en memoria de ella. Este monumento fue erigido a unos 6 kilómetros al noroeste de Jerusalén, y a la vista de la ciudad. Leamos ahora los versículos 15 al 17, los últimos versículos de este capítulo 7 del primer libro de Samuel:

"Samuel juzgó a Israel todo el tiempo que vivió. Hacía cada año un recorrido por Bet-el, Gilgal y Mizpa. Juzgaba a Israel en todos estos lugares. Después volvía a Ramá, porque allí estaba su casa. Allí juzgaba a Israel y también allí edificó un altar al Señor".

Así fue la historia. Samuel era entonces profeta y juez de Israel. Podríamos decir que era el juez del distrito, pues, iba desde Bet-el hasta Gilgal, y a Mizpa, y de regreso a Ramá, donde tenía su residencia, y así sucesivamente. Estos lugares mencionados se encuentran en la región al norte de Jerusalén.

Y así concluimos nuestro estudio del capítulo 7 del primer libro de Samuel.

1 Samuel 8

Las palabras del profeta Oseas, en el capítulo 13 de su profecía, versículo 11, pueden escribirse sobre el resto del primer y segundo libro de Samuel. Dice en el capítulo 13:11 de Oseas: "Te di un rey en mi furor, y te lo quité en mi ira". Samuel fue un gran juez y un hombre de Dios. Se crió en el tabernáculo, donde vio la maldad de los hijos del sumo sacerdote Elí, y observó como Dios los juzgó. Sin embargo, veamos lo que hizo, al leer el versículo 1, de 1 Samuel 8:

"Aconteció que cuando Samuel envejeció puso a sus hijos por jueces sobre Israel".

Samuel nombró a sus hijos como jueces para sucederle a él, a pesar de que eran indignos e incompetentes para el oficio. Ésta fue una gran equivocación de Samuel. Es verdad que él era un gran juez, un profeta notable, y un gran hombre de Dios. Pero desgraciadamente fue un fracaso como padre, de la misma manera que Elí había sido. Leamos ahora los versículos 2 y 3:

"Su hijo primogénito se llamaba Joel, y el segundo, Abías; ambos eran jueces en Beerseba. Pero no anduvieron los hijos por los caminos de su padre, sino que se dejaron llevar por la avaricia, dejándose sobornar y pervirtiendo el derecho".

Estos eran los hijos de Samuel. Eran totalmente deshonestos. Es extraño, ¿no le parece? Hoy en día vemos también la misma cosa. Muchos preguntan: "¿Por qué es que puede haber una familia muy cristiana en la Iglesia, y sin embargo, su hijo, o su hija, se convierte en un joven inmoral, en un vago entregado a los vicios? Muchas veces no hay ninguna explicación sobre cómo llega a producirse tal situación. Pues bien, Samuel era un gran hombre, un hombre de Dios, y ya hemos visto lo que hicieron sus hijos. Continuemos ahora con los versículos 4 y 5 de este capítulo 8 del primer libro de Samuel:

> *"Entonces todos los ancianos de Israel se reunieron y vinieron a Ramá para ver a Samuel, y le dijeron: Tú has envejecido y tus hijos no andan en tus caminos; por tanto, danos ahora un rey que nos juzgue, como tienen todas las naciones".*

Los israelitas pidieron entonces un rey. Estaban influenciados, por supuesto, por las naciones que estaban a su alrededor. Dieron como motivo, la avanzada edad de Samuel y la desobediencia de sus hijos. Al querer tener un rey, rechazaron entonces la autoridad de Dios y de Samuel. Continuemos con los versículos 6 y 7 de este capítulo 8 del primer libro de Samuel:

> *"Pero no agradó a Samuel que le dijeran: Danos un rey que nos juzgue Y Samuel oró al Señor. Dijo el Señor a Samuel: Oye la voz del pueblo en todo lo que ellos digan; porque no te han desechado a ti, sino a mí me han desechado, para que no reine sobre ellos".*

El hecho de que Samuel hizo jueces a sus hijos le dio al pueblo una excusa para pedir un rey. Sin duda, ésta fue una situación angustiosa para Samuel. Pero Dios le consoló transmitiéndole la certeza de que el rechazo de Israel no iba dirigido hacia él sino contra Dios mismo. Los problemas de los hijos de Samuel eran un pretexto, y el rechazo del pueblo a la soberanía de Dios era la razón real. Entonces Samuel amonestó a Israel acerca de las implicaciones que habría al tener un rey. Les aclaró que un rey reinaría sobre ellos, reclutaría a sus hijos como soldados, a sus hijas como cocineras y criadas, y que tomaría parte de sus campos, viñedos y olivares y animales para sí mismo. Les advirtió que finalmente, clamarían de angustia y que cuando llegase ese día, Dios no les respondería. Y veamos la actitud del pueblo, aquí en los versículos 19 al 22:

"Pero el pueblo no quiso oír la voz de Samuel, y dijo: No. Habrá un rey sobre nosotros, y seremos también como todas las naciones. Nuestro rey nos gobernará, saldrá delante de nosotros y hará nuestras guerras. Oyó Samuel todas las palabras del pueblo y las repitió a oídos del Señor. Pero el Señor dijo a Samuel: Oye su voz y dales un rey. Entonces dijo Samuel a los varones de Israel: Volveos cada uno a vuestra ciudad".

Los hijos de Israel cumplirían su deseo. Dios iba a darles un rey. Lo que había ocurrido en los tiempos de Moisés, todavía era cierto en aquellos días. Leemos en el Salmo 106, versículos 13 al 15: "Bien pronto olvidaron sus obras; no esperaron su consejo. Se entregaron a un deseo desordenado en el desierto y tentaron a Dios en la soledad. Y él les dio lo que pidieron; pero envió mortandad sobre ellos". Dios les concedería el deseo de tener un rey, pero no sería ventajoso para ellos. La guía de Dios se les revelaría indirectamente, por medio del profeta. Y como veremos, Dios no hablaría directamente al rey sino a través del profeta, quien transmitiría las palabras de Dios al rey. Y el rey las aceptaría, o las rechazaría, según el mismo decidiese. Y así concluimos nuestro estudio de este capítulo 8 del primer libro de Samuel.

1 Samuel 9:1-15

El tema de este capítulo gira alrededor de la elección de Saúl como rey, y de su ungimiento como rey. Por lo tanto el próximo párrafo lleva el título

Saúl fue elegido como rey

El capítulo 9 del primer libro de Samuel comienza la segunda sección mayor de este libro. La primera sección trataba sobre Samuel, pero ahora el énfasis cambia y recae sobre Saúl. Él fue uno de aquellos individuos extraños con los cuales a veces nos encontramos en la Palabra de Dios. Tal como sucedió con Balaam, Saúl era un hombre difícil de entender y de interpretar. Tanto en el Antiguo como en el Nuevo Testamento, hay personalidades enigmáticas, contradictorias, que se mueven a través de las páginas de la Biblia en medio de una oscuridad parcial. Presentan destellos de luz, pero acaban volviendo a las sombras. Tenemos la misma dificultad con Judas Iscariote. Y, ¿qué le parece a usted Demas, quien era compañero del apóstol Pablo, y llamado por Pablo su colaborador, en su carta a Filemón versículo 24? Más tarde, Demas se menciona en la segunda carta del apóstol Pablo a Timoteo, capítulo 4, versículo 10, como habiendo desamparado a Pablo porque amaba este mundo. No podemos aquí darle ninguna declaración dogmática en cuanto a si Demas fue salvo o perdido. En fin, volviendo a nuestra historia, Saúl no era rey cuando primero lo conocemos. El hecho es que no creemos que alguna vez fuera un verdadero rey, en el sentido estricto de la palabra. Leamos pues el primer versículo de este capítulo 9 del primer libro de Samuel:

"Había un hombre de Benjamín, hombre valeroso, el cual se llamaba Cis hijo de Abiel hijo de Zeror, hijo de Becorat, hijo de Afía, hijo de un benjaminita".

Cis era el padre de Saúl y pertenecía a la tribu de Benjamín. Repasando la historia de los 12 hijos de Jacob en el Génesis, veremos que la tribu se originó con el hijo menor, Benjamín, quien fue el hijo favorito de Jacob después que éste perdió a José. Ahora, cuando Benjamín nació, su madre murió. Y cuando ella estaba agonizando, le puso por nombre "Benoni", que significaba "hijo de mi tristeza". Cuando Jacob vio a aquel pequeñito, su aspecto debe haberle recordado a su esposa porque dijo: "Lo llamaré Benjamín. Será -Hijo de mi mano derecha-". Y así, Benjamín se convirtió en el hijo favorito y estuvo protegido por sus hermanos. Después, en el libro de los Jueces, la tribu fue diezmada debido a un trágico episodio de un pecado brutal que ocurrió en esta tribu. Y fue de esta tribu de Benjamín que procedió el primer rey. Volviendo ahora al capítulo 9 de este primer libro de Samuel, leemos en el versículo 2:

> *"Tenía él un hijo que se llamaba Saúl, joven y hermoso. Entre los hijos de Israel no había otro más hermoso que él; de hombros arriba sobrepasaba a cualquiera del pueblo".*

Este muchacho Saúl era un hombre atractivo. Físicamente se veía como un rey, pero en realidad tenía mucho de apariencia y simplemente era como un actor que desempeñaba un papel. No era un rey de corazón. El pueblo, sin embargo, eligió su rey por su apariencia exterior y no según su carácter.

Es digno de destacar, en nuestro tiempo, el peligro de confiar en la apariencia exterior. De ahí la importancia de medios de difusión como la televisión. Muchas veces, la persona que en última instancia controlará los destinos de un país, será la que ofrezca la imagen adecuada en la pequeña pantalla. ¿Por qué? Porque elegimos a las personas por la impresión que nos causan, por su capacidad de comunicación y no según su carácter. ¡Si sólo pudiéramos contemplar el interior para poder ver el verdadero carácter de la gente, entonces nuestra manera de pensar y de elegir, sería diferente!

Los hijos de Israel quisieron tener un rey y Saúl les agradó. Era alto y guapo. No había otro más atractivo. Tenía un porte real. En nuestro tiempo podría haber sido un actor famoso o un célebre presentador de televisión. El problema era que no tenía un corazón de rey. Y leemos en los versículos 3 y 5 de este capítulo 9 del primer libro de Samuel:

> *"Un día se perdieron las asnas de Cis, padre de Saúl; por lo que dijo Cis a su hijo Saúl: Toma ahora contigo alguno de los criados, levántate y ve a buscar las asnas. Cuando vinieron a la tierra de Zuf, Saúl dijo al criado*

que tenía consigo: Ven, volvámonos; porque quizá mi padre haya olvidado la preocupación por las asnas y esté intranquilo por nosotros".

Saúl y su siervo habían buscado por todas partes las asnas de su padre y no las pudieron encontrar. Y leemos en los versículos 6 hasta el 8:

"Él le respondió: En esta ciudad hay un varón de Dios; es un hombre muy respetado: todo lo que él dice acontece sin falta. Vamos, pues, allá; quizá nos dará algún indicio acerca del objeto por el cual emprendimos nuestro camino. Respondió Saúl a su criado: Vamos ahora; pero ¿qué llevaremos a ese hombre? Porque el pan de nuestras alforjas se ha acabado, y no tenemos qué ofrecerle al varón de Dios. ¿Qué le podemos dar? Entonces replicó el criado y dijo a Saúl: Mira, tengo aquí en mi mano una pequeña moneda de plata; se lo daré al varón de Dios, para que nos indique el camino".

A continuación tenemos una breve explicación insertada por el Espíritu de Dios, que puede resultar de ayuda. Leamos el versículo 9:

"(Antiguamente en Israel cualquiera que iba a consultar a Dios, decía: Venid y vamos al vidente; porque al que hoy se llama profeta, entonces se le llamaba vidente.)"

Hay aquí un cambio de nombres. Los hombres que negociaban en la nigromancia y el espiritismo eran conocidos como "videntes". Y Dios quería tener un nombre diferente para el hombre que Él escogiera a su servicio, y por lo tanto, fue llamado "profeta". Samuel, entonces, fue el primero de la orden de los profetas. Aunque a Moisés lo llamaron profeta, Samuel, fue realmente el primero de la orden de los profetas, y era de quien estaban hablando aquí Saúl y su siervo. Leamos ahora los versículos 14 y 15 de este capítulo 9 del primer libro de Samuel:

"Ellos subieron entonces a la ciudad; y cuando estaban en medio de ella, vieron a Samuel que venía hacia ellos para subir al lugar alto. Un día

antes de la llegada de Saúl, el Señor había hecho a Samuel esta revelación"

Con frecuencia muchos se han preguntado: "¿Cómo se comunicó Dios en el Antiguo Testamento cuando se nos dice que habló con una persona?" Creo que una interpretación literal nos aclara que el Señor utilizó palabras comprensibles, que constituyen el medio normal de comunicación. Y esas palabras fueron las que Samuel oyó.

Comenzamos nuestro programa con la gran victoria sobre los filisteos, que llevó a Samuel a erigir una piedra, una especie de monumento conmemorativo, llamado "Ebenezer", que significa, piedra de ayuda y después pronunció estas palabras. "Hasta aquí nos ayudó el Señor". Dijimos que esa declaración era como un recuerdo, una mirada al pasado, un reconocimiento, o sea, una mirada al presente, y una revelación, orientada hacia el futuro. Aquella fue la declaración normal de alguien que confiaba en la ayuda, dirección, y provisión espiritual y material de Dios a través de las dimensiones del tiempo en la vida de una persona. Estimado lector, le invitamos a confiar en el Señor Jesucristo, el Hijo de Dios, que en Su obra en la cruz y por medio del poder de Su resurrección, abre la puerta para que usted establezca una relación con Dios. A partir de ese momento, y por medio de Su Espíritu, Él toma nuestra vida pasada, presenta y futura, la transforma, la enriquece, le confiere un verdadero valor y una auténtica calidad humana y espiritual, y la proyecta hacia la eternidad. Como bien dijo el apóstol Pablo en 2 Corintios 5:17: "El que está unido a Cristo es una nueva persona. Las cosas viejas pasaron; han sido hechas nuevas".

1 Samuel 9:16-11:15

Continuamos estudiando el capítulo 9 de este primer libro de Samuel. Y en el capítulo anterior, decíamos que el día anterior a su llegada, Dios le había comunicado a Samuel que Saúl vendría. Y dice el versículo 16 de este capítulo 9 del primer libro de Samuel:

"Mañana a esta misma hora yo enviaré a ti un hombre de la tierra de Benjamín, al cual ungirás como príncipe sobre mi pueblo Israel, y él salvará a mi pueblo de manos de los filisteos; porque yo he visto la aflicción de mi pueblo, y su clamor ha llegado hasta mí".

Muchas veces Dios contesta nuestra petición aun cuando no sea lo mejor para nosotros. Cuando insistimos en clamar al Señor pidiéndole lo que queremos, finalmente y en algunas ocasiones, Él hace por nosotros lo que hizo por Israel - nos da lo que pedimos. Cuando los israelitas vagaban por el desierto, clamaron pidiendo carne. Y Dios les dio carne, pero envió mortandad sobre ellos, a causa de su persistente rebelión e incredulidad. Es por eso que la oración debe ser elevada en el nombre de Cristo, lo cual quiere decir que uno debe pedir con sumisión a la voluntad de Dios y para Su gloria. Todas las peticiones deben depender de este factor tan importante. Leamos ahora el versículo 17:

"Cuando Samuel vio a Saúl, el Señor le dijo: Éste es el hombre del cual te hablé; él gobernará a mi pueblo".

Dios les concedió lo que pidieron y les dio un rey. Saúl fue un hombre que incluso impresionó para bien a Samuel. Veremos que Samuel le tuvo en alta estima y, más adelante, sentiría mucho cuando comenzó a malograrse. Continuemos con los versículos 18 hasta el 20 de este capítulo 9 del primer libro de Samuel:

> *"Acercándose, pues, Saúl a Samuel en medio de la puerta, le dijo: Te ruego que me enseñes dónde está la casa del vidente. Samuel respondió a Saúl: Yo soy el vidente; sube delante de mí al lugar alto, y come hoy conmigo. Mañana por la mañana te despediré y te descubriré todo lo que hay en tu corazón. En cuanto a las asnas que se te perdieron hace ya tres días, pierde cuidado de ellas, porque han sido halladas. Además, ¿para quién es todo lo que hay de codiciable en Israel, sino para ti y para toda la casa de tu padre?"*

Saúl no fue, en realidad una elección de Dios. En otras palabras, que Él le dio a Israel el hombre que Él sabía que querían. Al pasar Saúl entre el pueblo habían visto que era alto, atractivo, y que tenía porte real. Por lo tanto, cuando pidieron un rey, Dios les concedió su petición. Prosigamos con el versículo 21:

> *"Saúl respondió y dijo: ¿No soy yo hijo de Benjamín, de la más pequeña de las tribus de Israel? Y mi familia ¿no es la más pequeña de todas las familias de la tribu de Benjamín? ¿Por qué, pues, me has dicho cosa semejante?"*

Aquí en este versículo y por lo que decía, Saúl nos hace recordar a Gedeón. Parecía muy humilde. Recordemos que en el capítulo 6 del libro de los Jueces, versículo 15, Gedeón había dicho: "Ah, señor mío, ¿con qué salvaré yo a Israel? He aquí que mi familia es pobre en Manasés, y yo soy el menor en la casa de mi padre". Gedeón realmente decía la verdad. Era cobarde y tenía mucho miedo. Ahora, los israelitas estaban en guerra cuando Gedeón fue llamado, y superados enormemente en número por el enemigo. Pero no había ningún estado de guerra cuando los israelitas quisieron que Saúl fuera su rey. Él no tenía pues, ningún motivo para tener miedo. Había estado buscando las asnas de su padre, las cuales ya habían sido encontradas. Su misión se había cumplido. El punto que deseamos recalcar aquí es que no había ningún motivo que provocase una declaración como la que pronunció

Saúl. Personalmente creemos que su humildad era falsa. Creemos que Saúl estaba bien convencido de que él podía ser rey. Leamos ahora el versículo 22:

"Entonces Samuel tomó a Saúl y a su criado, los introdujo a la sala y les dio un lugar a la cabecera de los convidados, que eran unos treinta hombres".

Al parecer, Samuel convocó a un grupo de líderes. Sigamos adelante con los versículos 23 al 27 de este capítulo 9 del primer libro de Samuel:

"Después dijo Samuel al cocinero: Trae acá la porción que te di, la que te dije que guardaras aparte. Entonces alzó el cocinero una espaldilla, con lo que estaba sobre ella, y la puso delante de Saúl. Y Samuel dijo: Aquí tienes lo que estaba reservado; ponlo delante de ti y come, porque para esta ocasión se te guardó, cuando dije: Yo he convidado al pueblo. Saúl comió aquel día con Samuel. Cuando hubieron descendido del lugar alto a la ciudad, él habló con Saúl en la azotea. Al otro día madrugaron; al despuntar el alba, Samuel llamó a Saúl, el cual estaba en la azotea, y le dijo: Levántate, para que te despida. Luego se levantó Saúl, y salieron ambos, él y Samuel. Habían descendido al extremo de la ciudad, cuando Samuel dijo a Saúl: Di al criado que se adelante, y se adelantó el criado, pero espera tú un poco para que te declare la palabra de Dios".

Tenemos aquí la formalidad que llevaron a cabo. Primero, Saúl comió con Samuel aquel día y luego tuvieron una reunión. Entonces, al día siguiente, los dos hombres hablaron a solas. Sin duda, Samuel habló al futuro rey acerca de la necesidad de un líder, el cual estaría totalmente dedicado al Señor y a Su programa. Y pasamos ahora a

1 Samuel 10

Leamos el versículo 1, que relato el acto por el cual

Samuel fue ungido rey

"Tomó entonces Samuel una redoma de aceite, la derramó sobre su cabeza, lo besó, y le dijo: ¿No te ha ungido el Señor por príncipe sobre su pueblo Israel?"

Samuel ungió a Saúl como rey y después le besó, lo cual fue probablemente una demostración de su afecto por Saúl. Dice el versículo 2:

"Hoy, después que te hayas apartado de mí, hallarás dos hombres junto al sepulcro de Raquel, en Selsa, en el territorio de Benjamín, los cuales te dirán: Las asnas que habías ido a buscar se han hallado; tu padre ha dejado ya de inquietarse por las asnas, y está afligido por vosotros, y dice: ¿Qué haré acerca de mi hijo?".

En cuanto a Cis se refiere, su hijo Saúl estaba perdido. Pero Saúl estaba ocupándose de un asunto importante. Samuel le había ungido como rey cerca del sepulcro de Raquel que estaba en el territorio de Benjamín, cerca de Belén. Luego predijo una serie de cosas que se cumplieron en ese mismo día. Continuemos ahora leyendo los versículos 5 y 6 de este capítulo 10 del primer libro de Samuel:

"Después de esto llegarás al collado de Dios, donde está la guarnición de los filisteos; y cuando entres en la ciudad encontrarás una compañía de profetas que descienden del lugar alto, precedidos de salterio, pandero, flauta y arpa, y ellos profetizando. Entonces el espíritu del Señor vendrá sobre ti con poder y profetizarás con ellos, y serás mudado en otro hombre".

Y aquí surge la pregunta: ¿Se había convertido Saúl? ¿Es este versículo la prueba de su conversión? No creemos que constituya ninguna prueba final de que Saúl se hubiera convertido. Creemos que Saúl nunca se convirtió. Es posible que parezcamos predispuestos en contra de Saúl, pero vamos a decirle por qué. No nos estamos basando en el material que ya hemos estudiado en cuanto a él; sino en el que viene después en nuestro relato, lo cual nos hace creer que Saúl no era un hombre genuinamente convertido.

Ahora, alguien dirá: "Pero el Espíritu de Dios vino sobre Saúl y apareció como un hombre cambiado". Bueno, la Escritura no dice que llegó a ser un hombre nuevo. Después de todo, ¿no vino el Espíritu Santo también sobre Balaam? Y no tenemos pruebas de que él fuese convertido. Y, ¿qué diremos del caso de Judas? Cristo envió a Sus doce discípulos y se nos dice que todos hicieron milagros. Entonces, ¿Hizo milagros Judas? Claro que sí. Pero, no creemos que sean muchos los que aleguen que Judas fuera convertido. De modo que, vamos a evitar el adoptar una decisión definitiva en cuanto a Saúl, aunque parezca que ya hemos hecho la nuestra. Pero, sigamos con la lectura de este pasaje. Leamos los versículos 7 hasta el 9 de este capítulo 10 del primer libro de Samuel:

"Cuando se te hayan cumplido estas señales, haz lo que te parezca bien, porque Dios está contigo. Luego bajarás delante de mí a Gilgal; entonces descenderé yo junto a ti para ofrecer holocaustos y sacrificar ofrendas de paz. Espera siete días, hasta que yo vaya a tu encuentro y te enseñe lo que has de hacer. Aconteció luego, que apenas volvió él la espalda para apartarse de Samuel, le mudó Dios el corazón; y todas estas señales acontecieron en aquel día".

Cuando Saúl se despidió de Samuel y él le vio alejarse, quizás quedó con una impresión favorable de Saúl. Pero Estimado lector, aun un profeta puede equivocarse. El profeta Natán, por ejemplo, se equivocaría cuando aconsejara al próximo rey, a David, que edificara una casa para Dios, y Dios tendría que intervenir, y Natán tendría que rectificar. Aquí creemos que Samuel se equivocó en cuanto a Saúl. Continuemos leyendo los versículos 10 y 11 de este capítulo 10 del primer libro de Samuel:

"Cuando llegaron allá al collado, la compañía de los profetas les salió al encuentro. Entonces el espíritu de Dios vino sobre él con poder, y profetizó entre ellos. Todos los que lo conocían de antes, al verlo que profetizaba con los profetas, se decían unos a otros: ¿Qué le ha sucedido al hijo de Cis? ¿Saúl también está entre los profetas?".

El Espíritu de Dios vino sobre Saúl y él profetizó. Todos los que le habían conocido antes supieron que algo le había sucedido. Y se preguntaron: "¿También Saúl es uno de los profetas?" Es que Dios le estaba dando a Saúl otra oportunidad. Dios nunca le negó nada, y sin embargo, al fin, él fracasó. Dicen los versículos 15 y 16:

"Dijo el tío de Saúl: Te ruego que me cuentes qué os dijo Samuel. Saúl respondió a su tío: Nos declaró expresamente que las asnas habían sido halladas. Pero del asunto del reino, de que Samuel le había hablado, no le contó nada".

Aquí vemos que Saúl permaneció en silencio en cuanto a ese tema. Continuemos con los versículos 17 al 19 de este capítulo 10 del primer libro de Samuel:

"Después Samuel convocó al pueblo delante de Jehová en Mizpa, y dijo a los hijos de Israel: Así ha dicho el Señor, el Dios de Israel: Yo saqué a Israel de Egipto, y os libré de manos de los egipcios y de manos de todos los reinos que os afligieron. Pero vosotros habéis desechado hoy a vuestro Dios, que os guarda de todas vuestras aflicciones y angustias, y habéis dicho: "No, tú nos darás un rey". Ahora, pues, presentaos delante del Señor por vuestras tribus y familias".

Cuando los hijos de Israel pidieron un rey y eligieron a Saúl, significó que estaban dando la espalda a Dios. Su aceptación de Saúl implicó su rechazo de Dios. Veamos ahora, cómo fue escogido públicamente el primer rey de Israel. Leamos los versículos 20 al 22:

"Samuel hizo acercarse a todas las tribus de Israel, y fue designada la tribu de Benjamín. Hizo que se acercara la tribu de Benjamín por familias, y fue designada la familia de Matri; y de ella fue tomado Saúl hijo de Cis. Lo buscaron, pero no fue hallado. Preguntaron, pues, otra vez al Señor si aún no había concurrido allí aquel hombre. Y respondió el Señor: Está ahí, escondido entre el bagaje".

Cuando llegó la hora para que Samuel presentara a Saúl al pueblo como su rey, no le podían encontrar. Este gran hombre Saúl, se portó exactamente como un niño, pues vemos que corrió y se escondió; y tuvieron que encontrarle y traerle. Encontramos en esa actitud otra evidencia de una falsa modestia. El aceite de la unción había sido derramado sobre él y se le había dado la oportunidad de ser rey y servir a Dios, lo cual le permitía presentarse en público y actuar como un rey. Leamos lo que dice aquí los versículos 23 y 24:

"Entonces corrieron, lo sacaron de allí y, puesto en medio del pueblo, sobresalía por encima de todos de los hombros para arriba. Samuel dijo a todo el pueblo: ¿Habéis visto al elegido del Señor? No hay nadie como él en todo el pueblo. Entonces el pueblo gritó con alegría: ¡Viva el rey!"

Esta fue la primera vez en Israel que se gritó: ¡Viva el rey! Leamos también el versículo 25 de este capítulo 10 de 1 Samuel:

"Samuel expuso luego al pueblo las leyes del reino, y las escribió en un libro, el cual guardó delante del Señor".

Luego Samuel les explicó a los israelitas el modo de comportarse en el reino y lo escribió en un libro. Ahora, basados en esto, creemos que Samuel escribió por lo menos la primera parte del Primer Libro de Samuel. Ahora, este capítulo 10 concluye con una nota discordante. Desde un principio Saúl tuvo sus enemigos; hombres que no estaban dispuestos a someterse a su autoridad como rey. Dice aquí el versículo 27:

"Pero algunos perversos dijeron: ¿Cómo nos ha de salvar éste? Lo despreciaron y no le llevaron presentes; pero él disimuló".

1 Samuel 11:1-15

El relato total de este capítulo abarca la victoria de Saúl sobre los amonitas y la transferencia de autoridad de Samuel a Saúl. En el capítulo 10 dijimos algunas cosas algo duras en cuanto al rey Saúl, aunque parecía que no tuviéramos suficientes motivos para decirlas en ese momento. Toda la evidencia que teníamos era una fuerte sospecha de que Saúl no era una persona genuina. Habría sido un buen actor, pero no un buen rey, aunque es verdad que comenzó bien su reinado. Leamos, pues, los primeros tres versículos de este capítulo 11 de 1 Samuel:

"Después subió Nahas, el amonita, y acampó contra Jabes de Galaad. Y todos los de Jabes dijeron a Nahas: Haz alianza con nosotros y te serviremos. Nahas, el amonita, les respondió: Con esta condición haré alianza con vosotros, que a todos y cada uno de vosotros le saque el ojo derecho, y ponga esta afrenta sobre todo Israel. Entonces los ancianos de Jabes le dijeron: Danos siete días para que enviemos mensajeros por todo el territorio de Israel, y si no hay quien nos defienda, nos rendiremos a ti".

Esta exigencia de Nahas a los hombres de Jabes, era sumamente violenta y repugnante. Necesitaban ser libertados. Leamos ahora, los versículos 4 hasta el 7:

"Cuando los mensajeros llegaron a Gabaa de Saúl y dijeron estas palabras a oídos del pueblo, todo el pueblo alzó su voz y lloró. En ese momento venía Saúl del campo detrás de los bueyes, y preguntó: ¿Qué tiene el pueblo que está llorando? Y le contaron las palabras de los hombres de Jabes. Al oír Saúl estas palabras, el espíritu de Dios vino sobre él con poder, y se apoderó de él una violenta ira. Tomó entonces un par de bueyes, los cortó en trozos y los envió por todo el territorio de Israel por

medio de mensajeros, diciendo: Así se hará con los bueyes del que no salga detrás de Saúl y detrás de Samuel. El temor del Señor cayó sobre el pueblo, y salieron todos como un solo hombre".

Ahora, observemos cómo Saúl se identificó con Samuel. No creemos que en ese tiempo el haber utilizado solo el nombre de Saúl habría sido suficiente. Sin embargo, cuando Saúl pidió que el pueblo saliera y unió su nombre al de Samuel, el pueblo entonces salió. También salieron debido a dos temores principales. Tenían miedo de lo que Saúl haría con sus bueyes si se quedaban en casa, y también de lo que los amonitas les podrían hacer. Continuemos con los versículos 8 hasta el 11 de este primer libro de Samuel 11:

"Los contó Saúl en Bezec, y eran los hijos de Israel trescientos mil, y treinta mil los hombres de Judá. Luego respondieron a los mensajeros que habían venido: Así diréis a los de Jabes de Galaad: Mañana, al calentar el sol, seréis librados. Fueron los mensajeros y lo anunciaron a los de Jabes, que se alegraron. Y los de Jabes dijeron a los enemigos: Mañana nos rendiremos a vosotros, para que hagáis con nosotros lo que bien os parezca. Aconteció que al día siguiente dispuso Saúl al pueblo en tres compañías, que irrumpieron en medio del campamento en la vigilia de la mañana y abatieron a los amonitas hasta el mediodía. Los que quedaron fueron dispersados, de tal manera que no quedaron dos de ellos juntos".

Aquí hemos visto la táctica que Saúl utilizó para vencer a los amonitas. La dispersión del ejercito enemigo fue tal que cada amonita que quedó tuvo que huir solo. Y el versículo 12 dice:

"Entonces el pueblo dijo a Samuel: ¿Quiénes son los que decían: Acaso va a reinar Saúl sobre nosotros? Dadnos esos hombres y los mataremos".

Al finalizar el capítulo anterior vimos que algunos de los israelitas se oponían a la idea de tener a Saúl como rey. Samuel había ignorado esa oposición hasta que la nación estuviese unida a favor de Saúl. Ahora vemos que el liderazgo de Saúl y la habilidad con que dirigió la batalla contra los amonitas, neutralizó la oposición. Y los versículos finales de este capítulo 11 del primer libro de Samuel, versículos 13 hasta el 15 dicen:

"Pero Saúl dijo: No morirá hoy ninguno, porque hoy el Señor ha traído salvación a Israel. Y Samuel dijo al pueblo: Venid, vamos a Gilgal para instaurar allí el reino. Todo el pueblo fue a Gilgal, y allí en Gilgal, delante del Señor, invistieron a Saúl como rey. Y sacrificaron allí ofrendas de paz delante del Señor, y se alegraron mucho Saúl y todos los de Israel".

Entonces sí, todo Israel aceptó a Saúl como su rey. A estas alturas del relato, seguramente algunos pensarán que las sospechas sobre la integridad de Saúl estaban infundadas. Porque Saúl comenzó muy bien. Pero, en nuestro próximo capítulo continuaremos con esta historia. Y así concluye este capítulo 11 del primer libro de Samuel.

En este encuentro de hoy hemos dicho que la aceptación del rey Saúl por parte de aquel pueblo, significó un rechazo a la soberanía y gobierno de Dios. Por ello destacamos las palabras de ánimo de Dios al profeta Samuel, porque éste se sintió relegado cuando el pueblo le pidió que nombrase a un rey. Según 1 Samuel 8:7, Dios le dijo: "No te han desechado a ti, sino a mí me han desechado, para que no reine sobre ellos". Estimado lector, le invitamos a reflexionar sobre estas palabras. No quisiéramos que nadie se encuentre en ese grupo de personas que no desean tener una relación con Dios, que prefieren una libertad aparente, una libertad que no existe, porque todos los seres humanos que no han aceptado la obra del Señor Jesucristo a favor de ellos en la cruz, están a merced de la maldad y no podrán apartarse de ella. Las consecuencias de esta actitud de rechazo a Dios han sido bien evidentes en los relatos de la Biblia y están a la vista en el mundo en el cual vivimos. Le invitamos a creer, le invitamos a dar un paso de fe, depositando su confianza en lo que el Señor Jesucristo hizo para salvarle y darle la vida eterna. De esa manera, Dios sí podrá reinar en su vida y transformarla por Su Espíritu.

1 Samuel 12:1-13:4

Continuando con nuestro viaje por las páginas del primer libro de Samuel, llegamos al capítulo 12. En este capítulo Samuel testificó en cuanto a su integridad; reprochó al pueblo por su ingratitud; les aterró al pedir de Dios truenos y lluvias en el tiempo de la siega. Y los consoló al contarles de la misericordia de Dios. En este capítulo 12, Samuel transfirió toda la autoridad a Saúl. Y entregó su informe como juez sobre Israel. El versículo 3 es la autobiografía de Samuel; era un hombre admirable. Aunque Saúl fue la elección de Israel, como veremos en el versículo 13, Dios todavía bendeciría, si el pueblo obedeciera. El pueblo comenzó a ver y a reconocer su error. El versículo 22 es la revelación de la maravillosa gracia de Dios. Ahora, al llegar a este capítulo estamos seguros que alguien estará pensando que nos equivocamos en cuanto a Saúl y que lo hemos prejuzgado. Parecía como si Saúl estuviera comenzando muy bien. Ciertamente empezó bien su reinado y hasta aquí pareció ser un gran rey. Pero vamos a seguir nuestro estudio. Quizá sea en realidad una lástima que su historia no termine aquí. Leamos, pues, el primer versículo de este capítulo 12 del primer libro de Samuel, que da comienzo al párrafo titulado

La transferencia de autoridad de Samuel a Saúl

"Dijo Samuel a todo Israel: He oído vuestra voz en todo cuanto me habéis dicho, y os he dado un rey".

Ésta fue la última obra de Samuel. Éste fue su discurso final. Era un hombre extraordinario y ahora Saúl le estaba sucediendo. Aunque Israel había elegido a un rey, antes que a Dios, Él aún les bendeciría, si le obedecieran. Saúl era el rey, y Dios le daría todas las oportunidades posibles. Continuemos con el versículo 2:

"Ahora, pues, ahí tienen al rey que ha de guiaros. Yo soy ya viejo y estoy lleno de canas; pero mis hijos están con vosotros, y yo he andado delante de vosotros desde mi juventud hasta este día".

Samuel se había criado en el tabernáculo. Pasó su vida a la vista de todo el pueblo. Probablemente ningún hombre había tenido la vida pública que tuvo Samuel. Muchas veces en nuestra época, un hombre entra en la vida pública y el pueblo lo acepta. De repente alguien se entera de una mancha en su pasado y el héroe cae. Pero, no fue así en el caso de Samuel. La madre le había traído al tabernáculo siendo un niño. Había vivido toda su vida ante el pueblo. Luego añadió la siguiente nota triste de un padre cariñoso: "pero mis hijos están con vosotros". En otras palabras, ¿por qué no los habéis aceptado? Samuel había tratado de darles el cargo de jueces, pero Dios no los aceptó. Fueron jóvenes que no resultaron aceptables para el Señor. Avancemos con el versículo 3:

"Aquí estoy; atestiguad contra mí delante del Señor y delante de su ungido, si he tomado el buey de alguno, si he tomado el asno de alguno, si he calumniado a alguien, si he agraviado a alguno o si de alguien he aceptado soborno para cerrar los ojos; y os lo restituiré".

Ésta es una tremenda declaración de un hombre que había estado ante el público por tantos años y que había servido como juez. Había tenido muchas oportunidades para enriquecerse, pero nunca cedió a la tentación. Samuel fue uno de los hombres sobresalientes de la Palabra de Dios, y sin embargo fracasó como padre. Muchos hombres públicos se han visto en la misma situación. Muchos líderes cristianos populares han tenido hijos que no siguieron el ejemplo de sus padres. Es difícil entenderlo, pero ésa ha sido la experiencia de la familia humana a través de los siglos.

Samuel dijo que si hubiera hecho alguna de las cosas reprobables que mencionó al pueblo, estaba listo para restituir lo que fuera necesario. Habría sido fácil que algún hombre que alguna vez se hubiera disgustado debido a una de las decisiones de Samuel, se hubiera adelantado para manifestar su queja. Pero, como podemos ver, ninguno se presentó. Leamos aquí el versículo 5 de este capítulo 12 del primer libro de Samuel:

> *"Él les dijo: El Señor es testigo contra vosotros, y su ungido también es testigo en este día, que no habéis hallado cosa alguna en mis manos. Así es, respondieron ellos".*

La vida de Samuel pudo soportar este tipo de inspección pública. En verdad era un hombre de Dios.

En los versículos siguientes, Samuel repasó la historia de Israel. Muchos de los hombres a quienes Dios hizo grandes, utilizaron este método de resumir la historia de Israel. Como, por ejemplo, Moisés, Josué, Gedeón, y luego Samuel. En el Nuevo Testamento cuando Esteban fuese traído ante el Sanedrín, él también presentaría una reseña de la historia de Israel. Aquí, en nuestro pasaje, Samuel le estaba recordando a su pueblo la fidelidad y la misericordia de Dios hacia ellos. Cuando su abandono de la fe les condujo a la esclavitud y, en su aflicción, clamaron al Señor, Él fue bondadoso y les envió un libertador. Samuel estaba diciendo, tal como había dicho en Mizpa, "Hasta aquí nos ayudó el Señor". Después de resumir su historia, Samuel llegó a su estado y condición presente y dijo en el versículo 13:

> *"Ahora, pues, aquí tenéis al rey que habéis elegido, el cual pedisteis; ya veis que el Señor os ha dado un rey".*

Samuel aclaró sin lugar a dudas que Saúl había sido la elección del pueblo. Muchos creen que la voz de la mayoría y la elección del pueblo, tiene que ser la voz de Dios. La Biblia, Estimado lector, contradice este modo de pensar. La Biblia declara que por lo general la minoría está más cercana a determinar la voluntad de Dios. Martín Lutero dijo: "Uno con Dios constituye una mayoría". El pueblo quiso tener a Saúl como su rey. Más tarde, veremos que Dios elegiría a David. ¡Qué diferencia se puede apreciar cuando Dios hace la elección! Sigamos adelante con el versículo 14 de este capítulo 12 del primer libro de Samuel:

"Si teméis al Señor y lo servís, si escucháis su voz y no sois rebeldes a la palabra del Señor, si tanto vosotros como el rey que reina sobre vosotros servís al Señor, vuestro Dios, haréis bien".

Simplemente porque Saúl había sido la elección del pueblo, Dios no le desecharía. Dios iba a darle otra oportunidad. Y continuamos leyendo aquí en el versículo 15:

"Pero si no escucháis la voz del Señor, si os rebeláis contra sus mandatos, la mano del Señor estará contra vosotros como estuvo contra vuestros padres".

Samuel estaba hablando claro. Si el pueblo servía a Dios, Él les bendeciría. Si no le servían, el juicio vendría sobre ellos. Y veremos que Dios respondería confirmando estas palabras de una manera dramática y milagrosa. Continuemos leyendo los versículos 16 al 18 de este capítulo 12 del primer libro de Samuel:

"Esperad aún ahora y mirad esta gran cosa que el Señor hará ante vuestros ojos. ¿No es ahora la siega del trigo? Yo clamaré al Señor, y él dará truenos y lluvias, para que conozcáis y veáis cuán grande es la maldad que habéis cometido ante los ojos del Señor pidiendo para vosotros un rey. Luego clamó Samuel al Señor, y el Señor dio truenos y lluvias en aquel día; y todo el pueblo sintió un gran temor del Señor y de Samuel".

Elías no fue el primer hombre que logró una tempestad como respuesta a su oración. Él logró una tormenta con truenos, pero Samuel la logró antes de Elías. Y creemos que éste fue el sello de aprobación de Dios sobre la vida de Samuel. Los truenos y las lluvias constituyeron el gran "amén" sobre la carrera de Samuel como portavoz de Dios. Prosigamos ahora con el versículo 19:

"Entonces dijo todo el pueblo a Samuel: Ruega por tus siervos al Señor, tu Dios, para que no muramos; porque a todos nuestros pecados hemos añadido este mal de pedir un rey para nosotros".

Habían pecado al pedir un rey. Estaban rechazando a Dios cuando pidieron un rey que reinara sobre ellos, a fin de ser como las demás naciones. Y Samuel respondió al pueblo, aquí en el versículo 20:

"Pero Samuel dijo al pueblo: No temáis; vosotros habéis hecho todo este mal; pero con todo eso no dejéis de seguir en pos del Señor, sino servidle con todo vuestro corazón".

Estimado lector, no deje que los pecados y las equivocaciones del pasado inutilicen su vida. A pesar de quien sea usted o de lo que haya hecho, si usted se vuelve al Señor Jesucristo para ser salvo y recibir el perdón, Dios le aceptará y le bendecirá abundantemente. No deje, pues, que el pasado destruya su futuro ni malogre su presente. Volviendo a nuestro pasaje, vemos que Samuel continuó hablando al pueblo y dijo aquí en el versículo 21 de este capítulo 12 del primer libro de Samuel:

"No os apartéis en pos de vanidades que no aprovechan ni libran, porque son vanidades".

Al tratar de utilizar nuevos métodos, y con sumisión al Señor y a Su Palabra, los creyentes tendrían que desechar aquellos que estimulen la vanidad humana, recordando que solo los procedimientos que Dios aprueba, serán los que Él bendiga. En realidad, no creemos que la Biblia necesite ser defendida. Necesita ser explicada. Necesita ser proclamada, y eso es lo importante. Avancemos con el versículo 22:

"Pues el Señor no desamparará a su pueblo, por su gran nombre; porque el Señor ha querido haceros pueblo suyo".

Éste es un versículo glorioso. ¿Ha invocado usted, Estimado lector, el nombre del Señor? ¿Es Él su Salvador? ¿Está usted descansando en Dios? Él no le desamparará. El Señor dice a través del escritor de la epístola a los Hebreos, en el capítulo 13, versículo 5: "Sean vuestras costumbres sin avaricia, contentos con lo que tenéis ahora; pues él dijo: No te desampararé, ni te dejaré". ¡Cuán maravilloso es nuestro Dios! Al Señor le ha complacido hacernos pueblo Suyo.

Ahora, ¿Por qué escogería Dios a la nación de Israel? Cuando usted busque la respuesta a esa pregunta, mire a Dios y no al pueblo. Dios lo escogió y eso es suficiente. Estimado lector, Dios le escogió a usted y es posible que algunos de sus amigos se estén preguntando por qué. Pero Dios nos escogió a usted y a mí y eso es suficiente. Gracias a Dios por eso. Pudo habernos pasado por alto, pero me alegro mucho de que no lo hiciera así. Éste fue un gran mensaje el que Samuel estaba pronunciando ante los israelitas ¿No se encuentra usted feliz por poder tener una amistad con Dios? ¿No es importante el hecho de que Él sea su Salvador? Él está a favor de usted y no en contra. Dios quiere ayudarle. Es un ayudador poderoso, Estimado lector, así como ha sido su Salvador. Volviendo al capítulo 12 del primer libro de Samuel, leamos ahora el versículo 23. Y Samuel continuó diciendo:

"Así que, lejos de mí pecar contra el Señor dejando de rogar por vosotros; antes os instruiré en el camino bueno y recto".

En este ministerio radial hemos encontrado que muchos tienen un don. Y es el don de orar y creemos que proviene de Dios. Hay algunos que se encuentran postrados en el lecho de aflicción y dolor; personas que jamás se levantarán de ellas, pero que tienen un ministerio de orar. No cambiaríamos nada por el respaldo de sus oraciones. En realidad necesitamos las oraciones de todos nuestros seguidores.

Samuel dijo: "lejos de mí que pecar contra el Señor dejando de rogar por vosotros". Todos nosotros tenemos la responsabilidad de orar.

También es mía la responsabilidad de orar por mi familia. Si yo no oro por ella ¿quién más orará por ella? Tengo además la responsabilidad de orar por mi ministerio radial. Usted, amigo cristiano que nos escucha, también tiene esa responsabilidad, y esperamos que ore por nosotros. Debemos orar los unos por los otros. Hay muchos que necesitan apoyo espiritual y solidaridad. El hecho es que hay un grupo aquí que se reúne con regularidad para elevar al trono de Dios en oración las peticiones que nos llegan por medio de las cartas que se dirigen a este programa. Nunca desearíamos pecar contra el Señor dejando de orar los unos por los otros. Y concluyó Samuel su discurso diciendo aquí en los versículos 24 y 25 de este capítulo 12 del primer libro de Samuel:

"Solamente temed al Señor y servidle de verdad con todo vuestro corazón, pues habéis visto cuán grandes cosas ha hecho por vosotros. Pero si perseveráis en hacer mal, vosotros y vuestro rey pereceréis".

Con esta seria advertencia concluye nuestro estudio de este capítulo 12 del primer libro de Samuel.

1 Samuel 13:1-14

Y en este capítulo el tema principal es la rebelión de Saúl contra Dios. La verdadera naturaleza de Saúl comenzó a hacerse evidente. Aquí veremos que su hijo Jonatán fue quien ganó la victoria en Mismas. Sin embargo, Saúl hizo tocar la trompeta y se atribuyó a sí mismo la victoria. Por presunción, Saúl se entremetió en el oficio del sacerdote, como lo veremos en los versículos 8 al 10. Samuel reprendió a Saúl en los versículos 13 y 14. Y en los versículos 19 al 22, se reveló el desarme de Israel.

En este capítulo 13, creemos que será posible mantener la tesis que presentamos en el capítulo 9 en cuanto al rey Saúl. La apariencia exterior de Saúl era muy apropiada para su oficio como rey, pero, según su carácter interior no era apto en manera alguna para ser rey.

Comencemos pues, leyendo los primeros cuatro versículos de este capítulo 13 del primer libro de Samuel:

"Había ya reinado Saúl un año, y cuando llevaba reinando dos años sobre Israel, escogió a tres mil hombres de Israel; estaban con Saúl dos mil en Micmas y en el monte Bet-el, y mil estaban con Jonatán en Gabaa de Benjamín, y envió al resto del pueblo cada uno a sus tiendas. Jonatán atacó a la guarnición de los filisteos que había en el collado, y lo supieron los filisteos. Entonces Saúl hizo tocar trompeta por todo el país, diciendo: ¡Que oigan los hebreos! Cuando todo Israel supo que se decía: Saúl ha atacado a la guarnición de los filisteos; y también que Israel se había hecho odioso a los filisteos, se reunió el pueblo tras Saúl en Gilgal".

El verdadero carácter de Saúl comenzó a revelarse, como ya hemos dicho. Ahora, vamos a conocer lo falso que era. Leemos en estos versículos que "Jonatán atacó a la guarnición de los filisteos". Ahora, ¿Quién se llevó el mérito de la victoria? Saúl. Jonatán era un líder militar muy capaz. Más adelante veremos como Jonatán ganó otra victoria usando una estrategia muy interesante. Pero en esta batalla Jonatán fue quien luchó, y Saúl hizo tocar la trompeta. Sin embargo, fue Saúl quien se atribuyó la victoria, sin reconocer ningún mérito a su propio hijo. Reunió a todo Israel y dio un informe falso. Seguramente el ejército sabía que el informe de Saúl no era verdadero, y más aún lo sabían los seguidores de Jonatán. ¿Era entonces humilde Saúl? Dijimos en el principio que creíamos que Saúl era un caso de humildad falsa y creemos que los hechos lo estaban confirmando. Prosigamos leyendo los versículos 5 hasta el 7:

"Se concentraron entonces los filisteos para pelear contra Israel: treinta mil carros, seis mil hombres de a caballo, y pueblo numeroso como la arena que está a la orilla del mar. Luego subieron y acamparon en Micmas, al oriente de Bet-avén. Cuando los hombres de Israel vieron que estaban en peligro (porque el pueblo estaba en grave aprieto), se escondieron en

cuevas, en fosos, en peñascos, en rocas y en cisternas. Algunos de los hebreos pasaron el Jordán hacia la tierra de Gad y de Galaad; pero Saúl permanecía aún en Gilgal, y todo el pueblo iba tras él temblando".

Al parecer, a los filisteos todavía les fue posible pelear, y así vinieron con un gran despliegue de fuerza contra los israelitas. Continuemos leyendo los versículos 8 y 9:

"Esperó siete días, conforme al plazo que Samuel había fijado, pero Samuel no llegaba a Gilgal y el pueblo se desbandaba. Entonces dijo Saúl: Traedme el holocausto y las ofrendas de paz. Y ofreció el holocausto".

Aquí se reveló otro aspecto del carácter de Saúl. Tuvo la osadía de pensar que porque era rey, podría ofrecer un holocausto, que era un sacrificio en el que la víctima se quemaba por completo. Más tarde, (en 2 Crónicas 26) veremos que otro rey, llamado Uzías, también presumiría que podía desempeñar una función sacerdotal y Dios le heriría con lepra. Aquí Saúl ignoró las instrucciones explícitas de Dios, de que solo un sacerdote de la tribu de Leví podía ofrecer un holocausto. Leamos ahora los versículos 10 y 11 de este capítulo 13 del primer libro de Samuel:

"Cuando él acababa de ofrecer el holocausto, vio a Samuel que venía; y Saúl salió a su encuentro para saludarlo. Samuel dijo: ¿Qué has hecho? Y Saúl respondió: Porque vi que el pueblo se desbandaba y que tú no venías dentro del plazo señalado, mientras los filisteos estaban ya concentrados en Micmas"

Ahora, Saúl no había estado dispuesto a esperar a Samuel. Era impaciente y presuntuoso. Él creyó que tenía tres razones válidas para no esperar a que Samuel llegara. Primera, que el pueblo desertaba; en segundo lugar, que los filisteos venían contra él; y tercera, que Samuel se demoraba un poco en llegar. Claro que Saúl buscó una explicación razonable que justificara sus acciones. Estaba culpando a todos menos a sí mismo. Y continuó diciendo aquí en el versículo 12:

"me dije: Ahora descenderán los filisteos contra mí a Gilgal y yo no he implorado el favor del Señor. Así que me vi forzado a ofrecer el holocausto".

Saúl "se esforzó" en ofrecer el holocausto y hacer su petición al Señor. Yo diría que Saúl mintió aquí. Demostró un falso sentimiento religioso. Éste sí que era el verdadero Saúl. Entonces, Samuel dijo a Saúl en los versículos 13 y 14:

"Entonces Samuel dijo a Saúl: Locamente has actuado; si hubieras guardado el mandamiento que el Señor, tu Dios, te había ordenado, el Señor habría confirmado tu reino sobre Israel para siempre. Pero ahora tu reino no será duradero. El Señor se ha buscado un hombre conforme a su corazón, al cual ha designado para que sea príncipe sobre su pueblo, por cuanto tú no has guardado lo que el Señor te mandó".

A Saúl se le dijo en el principio que si obedecía a Dios, Dios le bendeciría. Pero, si le desobedecía, sería juzgado. Un rey debía obedecer al Señor. Lo que el mundo necesita hoy es que los gobernantes sean gobernados por el Señor. Ése es nuestro problema. Claro, que no tendremos uno hasta que el Señor Jesucristo mismo vuelva a la tierra. Ése es el propósito final de Dios en Su plan para esta tierra. Ahora, Saúl había desobedecido. De modo que Dios designaría otro para que fuese el rey y le colocaría en la escena un poco más tarde. Y ni siquiera Samuel en ese momento sabía quién sería ese hombre.

La actitud de un corazón se demuestra frente a lo que Dios ha dispuesto en Su Palabra. La obediencia o desobediencia ponen de manifiesto la naturaleza de una relación con Dios, a la ausencia de toda relación con Él. Y llega un momento en el cual las apariencias de una persona se ven superadas por la verdad, por su personalidad real. Y ése fue el caso de Saúl.

Mas allá de las apariencias que las personas puedan presentar ante sus semejantes, suelen ocultar, a veces, sus ambiciones, ilusiones, interrogantes, frustraciones y fracasos. Pero el autor del Salmo 139, desnuda su alma delante del Dios Creador y comienza su poema diciendo: "Señor, tú me has examinado y me conoces; tú conoces todas mis acciones; aun de lejos, te das cuenta de lo que pienso". Por lo tanto, finaliza diciendo: "Oh Dios, examíname, reconoce mi corazón; ponme a prueba, reconoce mis pensamientos; mira si voy por el camino del mal y guíame por el camino eterno". El deseo del salmista de transitar por el camino eterno hallaría su cumplimiento en el Nuevo Testamento, porque en sus páginas, el evangelista Juan, en el prólogo de su libro, en el capítulo 1, nos mostró que, desde la eternidad, Dios envió a Su Hijo Jesucristo como una luz que alumbra a toda persona que viene a este mundo, para señalarnos ese camino eterno, el camino de la vida eterna, el camino de la salvación eterna. Por tal motivo, concluyó con la siguiente declaración que, Estimado lector, dejamos hoy con usted, como una invitación: Vino a su propio mundo, pero los suyos no le recibieron. Pero a quienes le recibieron y creyeron en Él les concedió el privilegio de llegar a ser hijos de Dios.

1 Samuel 13:15-15:3

Continuamos estudiando el capítulo 1 de este primer libro de Samuel. Y en el capítulo anterior, decíamos que el rey Saúl había tenido la osadía de pensar que porque era rey, podría ofrecer un holocausto. Y vimos cómo había mentido diciendo que se había esforzado para ofrecer holocausto y hacer su petición al Señor. Y con esto solamente había demostrado tener un falso sentimiento religioso. Señalamos también el hecho de que a Saúl se le había dicho en el principio, que si obedecía a Dios, Dios le bendeciría. Pero que si desobedecía, habría juicio. Un rey debía obedecer al Señor. Lo que el mundo necesita hoy es que los gobernantes sean gobernados por el Señor. Ése es nuestro problema. Claro que no tendremos uno, hasta que el Señor Jesucristo mismo, vuelva a la tierra. Éste es el propósito final de Dios en Su plan para esta tierra. Ahora, Saúl había desobedecido. De modo que Dios tenía a otro para que fuese el rey y él le colocaría en la escena un poco más tarde. Y ni siquiera Samuel en ese momento sabía quién sería ese hombre.

Hoy vamos a considerar el desamparo de Israel ante los filisteos. Leamos los versículos 15 al 17 de este capítulo 13 del primer libro de Samuel:

"Samuel se levantó y subió de Gilgal a Gabaa de Benjamín. Saúl contó la gente que se hallaba con él, y eran como seiscientos hombres. Saúl, su hijo Jonatán, y el pueblo que con ellos se hallaba, se quedaron en Gabaa de Benjamín, mientras los filisteos acampaban en Micmas. Entonces salió una avanzada del campamento de los filisteos en tres escuadrones; un escuadrón marchaba por el camino de Ofra hacia la tierra de Sual"

Ahora, la batalla estaba por comenzar. Y vemos aquí el verdadero peligro de que los israelitas estuvieran desarmados en esas circunstancias. Hoy en día hay muchos que creen que la paz mundial se conseguirá por medio del desarme. Creen que si pueden ser destruidas todas las armas, que de una u otra manera, la guerra será eliminada. De verdad, ¿cree alguien que aquellos que se están armando, algunos abiertamente y otros en secreto porque tienen ambiciones expansionistas o porque no confían en otras potencias y desean defenderse, accederían a desarmarse, de buena fe, y quedar inermes ante sus adversarios? Éste es un modo de pensar idealista pero, desgraciadamente, alejado de la realidad. Bueno, continuemos leyendo los versículos 18 hasta el 21:

"En toda la tierra de Israel no se hallaba herrero, porque los filisteos habían dicho: Para que los hebreos no hagan espada o lanza. Por lo cual todos los de Israel tenían que acudir a los filisteos para afilar cada uno la reja de su arado, su azadón, su hacha o su hoz. El precio era dos tercios de siclo por afilar las rejas de arado y los azadones, y la tercera parte de un siclo por afilar las hachas y por componer las aguijadas".

Los filisteos habían desarmado a los israelitas. Sin embargo, a los israelitas se les había permitido tener algunos utensilios de uso agrícola y del hogar. Pero aún para poder afilar estos artefactos, los hebreos tenían que acudir a los filisteos. De esta manera, al enemigo le fue posible llevar un buen control de lo que los israelitas tenían en cuanto a armas. Y los versículos finales de este capítulo 13, versículos 22 y 23 dicen:

"Así aconteció que en el día de la batalla ninguno de los del pueblo que estaban con Saúl y Jonatán tenía en sus manos una espada o una lanza, excepto Saúl y Jonatán, su hijo, que sí las tenían. Mientras tanto, un destacamento de los filisteos avanzó hasta el paso de Micmas".

Solamente dos hombres, Saúl y Jonatán tenían espadas. Los otros miembros del ejército posiblemente disponían de rejas de arado, azadones, hachas y otros utensilios similares. Así que, ésta era la forma en que el ejército de Saúl estaba equipado para luchar.

1 Samuel 14

Y en este capítulo vemos que Jonatán milagrosamente derrotó a la guarnición de los filisteos. Un terror divino hizo que lucharan los unos contra los otros. Y por último tenemos, que la orden precipitada de Saúl fue anulada. Nuevamente Jonatán ganó una victoria, pero otra vez, Saúl se la atribuyó a sí mismo, como veremos en los versículos 24 y 25. Los celos de Saúl se revelaron en los versículos 37 al 45. Veremos que Saúl realmente estaría dispuesto a destruir a su hijo si éste le resultaba un obstáculo. El capítulo 14 nos da la estrategia de batalla que Jonatán empleó contra los filisteos. Éste es el capítulo que, según se dice, el General británico Allenby leyó la noche antes de que llevara a cabo su ataque exitoso contra los turcos en la primera guerra mundial. Estamos seguros de que cuando el General Allenby leyó este capítulo, para él fue una revelación emocionante ver cómo Jonatán ejecutó sus tácticas militares. El General Allenby era un cristiano que conocía su Biblia.

Ahora, no pensamos entrar en la estrategia de batalla que Jonatán usó contra los filisteos, que usted mismo podrá leer después en los versículos 1 al 14, de este capítulo 14 de 1 Samuel. Más bien, veremos la gran lección espiritual de este incidente. Comencemos, pues, leyendo el versículo 18:

"Entonces Saúl dijo a Ahías: Trae el Arca de Dios. Porque el Arca de Dios estaba entonces con los hijos de Israel".

Saúl no debiera haber llevado el arca al campo de batalla. Como ya lo hemos visto, en los días de Samuel los hijos de Israel hacían uso del arca de una manera supersticiosa, creyendo que les ayudaría a ganar sus batallas. Aparentemente Saúl quiso sacar aquí nuevamente el arca con el mismo propósito. Leamos ahora los versículos 19 al 23:

> *"Pero aconteció que mientras aún hablaba Saúl con el sacerdote, el alboroto que había en el campamento de los filisteos aumentaba, e iba creciendo cada vez más. Entonces dijo Saúl al sacerdote: Detén tu mano. Luego Saúl reunió a todo el pueblo que con él estaba y llegaron hasta el lugar de la batalla. Allí vieron que cada uno había desenvainado su espada contra su compañero y que había gran confusión. Los hebreos que desde tiempo antes habían estado con los filisteos, y que desde los alrededores habían subido con ellos al campamento, se pusieron también del lado de los israelitas que estaban con Saúl y con Jonatán. Asimismo todos los israelitas que se habían escondido en los montes de Efraín, al oír que los filisteos huían, también los persiguieron en aquella batalla, que se extendió hasta Bet-Avén. Así salvó el Señor aquel día a Israel".*

A pesar del deseo y la acción de Saúl de sacar el arca, fue la estrategia y el valor de Jonatán lo que ganó la batalla desde el punto de vista humano. Vemos claramente que Dios estaba con este joven. Pero lastimosamente veremos que no viviría por mucho tiempo. Y aquel día, Dios salvó a Israel. Leamos los versículos 24 al 27 de este capítulo 14 del primer libro de Samuel, para ver como

La orden precipitada de Saúl fue anulada

> *"Pero los hombres de Israel fueron puestos en apuro aquel día, porque Saúl había hecho jurar al pueblo, diciendo: Cualquiera que coma pan antes de caer la noche, antes que me haya vengado de mis enemigos, sea maldito. Y nadie había probado bocado. Todo el pueblo llegó a un bosque, donde había miel en la superficie del campo. Entró, pues, el pueblo en el bosque, y vieron que allí corría la miel; pero no hubo quien la probara, porque el pueblo temía al juramento. Jonatán, que no había oído cuando su padre había hecho jurar al pueblo, alargó la punta de una vara que*

traía en su mano, la mojó en un panal de miel y se llevó la mano a la boca. Entonces se le aclararon los ojos".

Es interesante notar que Jonatán no tenía conocimiento de la orden extraña de su padre, que había prohibido al ejército comer hasta que se ganara la batalla. En realidad, Jonatán ya había ganado la batalla pero Saúl se atribuyó el mérito. No estaba dispuesto a reconocer el mérito de su hijo. Su modestia aparente había desaparecido y sus celos se estaban poniendo en evidencia. Su modestia ha desaparecido y sus celos se hicieron evidentes. Prosigamos leyendo los versículos 28 hasta el 30 de este capítulo 14 del primer libro de Samuel:

"Uno del pueblo le habló, diciendo: Tu padre ha hecho jurar solemnemente al pueblo: Maldito sea el hombre que tome hoy alimento. Y el pueblo desfallecía. Respondió Jonatán: Mi padre ha turbado al país. Ved ahora cómo han sido aclarados mis ojos por haber probado un poco de esta miel. ¿Cuánto más si el pueblo hubiera comido libremente hoy del botín tomado a sus enemigos? ¿No hubiera sido mayor el estrago entre los filisteos?"

Fue una orden insensata la que Saúl había dado. Los hombres estaban cansados. Habían peleado una batalla, habían ganado y necesitaban algo de comer. Pero Saúl había dicho: "Cualquiera que coma pan antes de caer la noche, antes que me haya vengado de mis enemigos, sea maldito". Su modestia había desaparecido por completo. Y pasando al versículo 35, leemos hasta el versículo 39 de este capítulo 14 de 1 Samuel:

"Edificó Saúl un altar al Señor, y ése fue el primero que edificó al Señor. Dijo Saúl: Descendamos esta noche contra los filisteos y los saquearemos hasta la mañana; no dejaremos de ellos ninguno. Ellos dijeron: Haz lo que bien te parezca. Dijo luego el sacerdote: Acerquémonos aquí a Dios. Y Saúl consultó a Dios: ¿Debo descender tras los filisteos? ¿Los entregarás en manos de Israel? Pero Jehová no le dio respuesta aquel día. Entonces dijo

Saúl: Venid acá todos los principales del pueblo, averiguad y ved en qué ha consistido este pecado de hoy. 39 ¡Vive el Señor!, que ha salvado a Israel, que aunque se trate de mi hijo Jonatán, de seguro morirá. Y no hubo en todo el pueblo quien le respondiera".

Saúl sin la más mínima autoridad para hacerlo, edificó un altar y ofreció sacrificios al Señor. Fue así más evidente que Dios no estaba usando a este hombre de ninguna manera. Saúl había obrado mal, pero no está dispuesto a aceptar la culpa. Saúl avisó entonces al ejército que alguien había pecado. El ejército se mantuvo en silencio. Los hombres sabían que la victoria era de Jonatán. Y ahora Saúl estaba diciendo: "La razón por la cual Dios no me contestó, es porque alguien me desobedeció y violó el juramento". Los hombres sabían que Jonatán había gustado la miel, y sabían que Saúl estaba fingiendo en esos momentos; de modo que permanecieron sin responder debido a que él era el rey. Y dice aquí el versículo 40:

"Dijo luego a todo Israel: Vosotros estaréis a un lado, y yo y Jonatán, mi hijo, estaremos al otro lado. Haz lo que bien te parezca respondió el pueblo a Saúl".

Aquí vemos que el pueblo habló lo menos posible. Ahora, el versículo 41 dice:

"Entonces dijo Saúl al Señor, Dios de Israel: Da a conocer la verdad. La suerte cayó sobre Jonatán y Saúl, y el pueblo quedó libre".

Saúl creyó entonces que Jonatán era el que había comido. Y los versículos 42 y 43, dicen:

"Saúl dijo: Echad suertes entre mí y mi hijo Jonatán. Y la suerte cayó sobre Jonatán. Entonces Saúl dijo a Jonatán: Cuéntame lo que has hecho. Jonatán respondió: Ciertamente gusté un poco de miel con la punta de la vara que traía en mi mano; ¿y he de morir?"

Jonatán era culpable. Era culpable de hacer lo que Saúl no quería que hiciera. Saúl había dicho en el versículo 28: "Maldito sea el hombre que tome hoy alimento". Pero, ¿era acaso ésta una razón válida para morir? Y leemos en los versículos 44 y 45, que Saúl respondió:

> *"Saúl le dijo: Traiga Dios sobre mí el peor de los castigos, si no te hago morir, Jonatán. Pero el pueblo dijo a Saúl: ¿Ha de morir Jonatán, el que ha logrado esta gran victoria en Israel? ¡No será así! ¡Vive el Señor! que no caerá en tierra ni un cabello de su cabeza, pues lo hizo con ayuda de Dios. Así el pueblo libró de morir a Jonatán".*

Saúl en verdad destruiría a su propio hijo si se interpusiera en su camino. ¿Por qué? Porque Saúl tenía celos de Jonatán. Quería toda la gloria para sí mismo. Los hombres del ejército habían permanecido en silencio mientras Saúl había estado despotricando. Pero cuando la vida de Jonatán estuvo en peligro, ya no pudieron permanecer callados.

En estos incidentes estamos viendo el verdadero carácter de Saúl. Más tarde veremos cómo se comportaría desobedeciendo directamente a Dios. Iba a hacer algo que resultaría en una tragedia para la nación de Israel, y si Dios no hubiera intervenido, habría significado la destrucción total de la nación. Saúl estaba revelando el hecho de que no era en ninguna manera un hombre de Dios. En realidad, era un hombre controlado por Satanás. En el próximo capítulo veremos que Saúl ya no obedecería más a Dios, sino que seguiría sus propios designios. Finalmente, el Espíritu de Dios ya no le hablaría más. Dios no le guiaría más y él se apartaría de Dios para actuar de acuerdo con el mundo demoníaco, como también veremos más adelante en el relato.

Y así concluye nuestro estudio de este capítulo 14 del primer libro de Samuel.

1 Samuel 15:1-3

En este párrafo, el tema central es

La rebelión de Saúl en cuanto a Agag

La rebelión de Saúl contra el mandamiento de Dios se verá en este capítulo. En este capítulo Samuel envió a Saúl para destruir a Amalec. Saúl salvó a Agag y lo mejor del despojo de guerra. Dios lo desechó, debido a su desobediencia. Y por último tenemos, la humillación de Saúl.

La rebelión notoria de Saúl se revelaría en su desobediencia en cuanto a Agag. Quiso salvar las apariencias, encubriendo su pecado delante del pueblo, para lo cual quiso tener la ayuda de Samuel. Saúl entonces fue desechado como rey, sin esperanza alguna de cualquier recuperación. Samuel demostró que amaba a Saúl por la forma en que se lamentaba por él.

¿Por qué se usó entonces una cirugía tan extrema, de matar a los amalecitas y a Agag? La respuesta puede encontrarse en el libro de Ester. Miremos lo que ocurriría en unos 500 años. El malvado Amán, que casi tuvo éxito en destruir a la totalidad de la raza judía, era descendiente de Agag, un amalecita, como podemos comprobarlo en el capítulo 3:1 del libro de Ester. Dios, conocía el verdadero carácter de este pueblo, revelado por primera vez en su ataque perverso y no provocado contra los israelitas en el desierto. (Éxodo 17:8?16).

Al seguir nuestro estudio en la vida de Saúl, por la forma en que estaba dominado por sus pasiones, vemos que en realidad era un hombre de Satanás. Personalmente creemos que nunca fue salvado, y más aún, creemos que Saúl era también bastante hipócrita. Fingió ser un hombre de Dios, pero nunca lo fue en realidad. La rebelión notoria de Saúl se reveló entonces en su desobediencia y rebelión en cuanto a Agag.

Leamos, pues, los primeros tres versículos de este capítulo 15 del primer libro de Samuel:

"Un día Samuel dijo a Saúl: El Señor me envió a que te ungiera rey sobre su pueblo Israel; ahora, pues, escucha las palabras del Señor. Así ha dicho el Señor de los ejércitos: Yo castigaré lo que Amalec hizo a Israel, cortándole el camino cuando subía de Egipto. Ve, pues, hiere a Amalec, destruye todo lo que tiene y no te apiades de él; mata hombres, mujeres y niños, aun los de pecho, y vacas, ovejas, camellos y asnos".

Estas instrucciones pueden parecer extremas a los que no están familiarizados con la historia de Amalec. Moisés, que se encontraba allí cuando sucedió, había repasado el episodio con la generación más joven, al final de la travesía del desierto. Recordemos, pues, sus palabras, registradas en Deuteronomio 25:17?19, donde dijo: "17Acuérdate de lo que hizo Amalec contigo en el camino, cuando salías de Egipto; 18de cómo te salió al encuentro en el camino y, sin ningún temor de Dios, te desbarató la retaguardia de todos los débiles que iban detrás de ti, cuando tú estabas cansado y sin fuerzas. 19Por tanto, cuando el Señor, tu Dios, te dé descanso de todos los enemigos que te rodean, en la tierra que el Señor, tu Dios, te da como heredad para que la poseas, borrarás la memoria de Amalec de debajo del cielo; no lo olvides". Si usted ha seguido esta historia en el Antiguo Testamento, reconocerá que los amalecitas se oponían a Dios de una forma total. Eran rebeldes contra Él. De modo que Dios dijo que los juzgaría debido a esta rebelión. El hecho es que, si a esta gente se le hubiera permitido vivir, probablemente habría causado en el futuro, aún mayores dificultades que las que nos es posible imaginar. Aparentemente, Saúl salvaría la vida a un amalecita, y cuando lleguemos al libro de Ester, conoceremos a uno sus descendientes, que sería Aman. Ese hombre trataría de destruir totalmente a la nación hebrea, y habría tenido éxito si no hubiera sido por la intervención de Dios. Cuando uno mira las cosas desde la perspectiva de Dios, Estimado lector, entonces muchas veces puede entender Su acción inmediata.

Recordando la situación de Saúl, diremos que cuando alguien resuelve alejarse de Dios rebelándose contra Su autoridad, su vida comienza a caracterizarse por una serie de errores que se suceden rápidamente. La mente se va obcecando cada vez más, sus decisiones son crecientemente descabelladas y la mente se va cerrando a cualquier llamado al sentido común. Es como si alguien comenzara a caer por una pendiente y la velocidad de la caída va aumentando progresivamente. Hasta que, al final, se encuentra en un callejón sin salida y el retroceso ya no es posible. Estimado lector, le invitamos a reflexionar sobre su situación actual frente a Dios. El apóstol Pablo nos recuerda en 2 Tesalonicenses 1:8, que habrá un juicio para los que no conocieron a Dios ni obedecen al evangelio de nuestro Señor Jesucristo. Pero vivimos hoy en tiempos de salvación. Y en otro de sus escritos, en 1 Timoteo 2:4, hablando de Dios nuestro Salvador, el apóstol Pablo dice que "Él quiere que todos los hombres sean salvos y vengan al conocimiento de la verdad, pues hay un solo Dios, y un solo mediador entre Dios y los hombres: Jesucristo hombre, el cual se dio a sí mismo en rescate por todos".

1 Samuel 15:4-16:1

Continuamos nuestro estudio en el capítulo 15 del primer libro de Samuel. Y en el capítulo anterior, vimos en los primeros 3 versículos de este capítulo 15, cómo Dios dio algunas instrucciones precisas con respecto a Amalec, instrucciones que dio al rey Saúl. Y dijimos que si usted no conocía la historia de Amalec, es posible que considerara estas instrucciones como muy extremas y severas. Pero si usted ha seguido esta historia en el Antiguo Testamento, reconocerá que los amalecitas se oponían a Dios con un rechazo total. Eran rebeldes contra Él y Dios dijo que los juzgaría debido a esta rebelión. El hecho es que esta gente si se les hubiera permitido vivir, probablemente habrían causado en el futuro aún mayores dificultades que las que podemos imaginarnos. Lo comprobaremos más adelante al llegar al libro de Ester, porque uno de los descendientes de alguien que Saúl salvó, trataría de destruir totalmente a la nación hebrea y habría tenido éxito si no fuera por la intervención de Dios. Cuando uno mira las cosas desde la perspectiva de Dios, Estimado lector, entonces muchas veces puede entender su acción inmediata. Continuaremos hoy nuestro estudio leyendo los versículos 4 hasta el 6, de este capítulo 15 del primer libro de Samuel:

"Saúl convocó, pues, al pueblo y les pasó revista en Telaim: doscientos mil de a pie y diez mil hombres de Judá. Vino Saúl a la ciudad de Amalec y se emboscó en el valle. Entonces dijo Saúl a los ceneos: Idos, apartaos y salid de entre los de Amalec, para que no os destruya juntamente con ellos; porque vosotros mostrasteis misericordia a todos los hijos de Israel cuando subían de Egipto. Se apartaron los ceneos de entre los hijos de Amalec".

Vemos aquí que Saúl convocó al pueblo y los contó. Luego llegó a una ciudad de Amalec y les advirtió a los ceneos que salieran de entre los amalecitas antes de que fueran destruidos. Recordemos que los ceneos eran los descendientes del suegro de Moisés; tenemos las referencias Bíblicas en Jueces 1:16 y 4:11-17. Éste fue un acto de misericordia que ninguna nación pagana había practicado hasta ese momento. Ahora hasta este episodio, Saúl había sido obediente. Continuemos con los versículos 7 hasta el 9 de este capítulo 15:

"Y Saúl derrotó a los amalecitas desde Havila hasta llegar a Shur, que está al oriente de Egipto. Capturó vivo a Agag, rey de Amalec, y a todo el pueblo lo mató a filo de espada. Pero Saúl y el pueblo perdonaron a Agag, y a lo mejor de las ovejas y del ganado mayor, de los animales engordados, de los carneros y de todo lo bueno, y no lo quisieron destruir; pero destruyeron todo lo que era vil y despreciable".

Saúl casi cumplió con la orden que Dios le había dado. Pero creyó que era una lástima destruirlo todo, de modo que salvó a Agag, soberano de los amalecitas. Ahora, Saúl no tenía más derecho de salvarlo a él que el que tenía de salvar al campesino más humilde entre los amalecitas. Esta nación estaba entregada completamente a la maldad, y el rey, más que todos los demás, debía haber sido juzgado en aquel entonces. Saúl tampoco tenía derecho alguno de salvar de la destrucción a lo mejor del ganado. Parece que lanzó este ataque con el único objetivo de obtener un gran botín y despojos, precisamente lo que Dios le había prohibido hacer. En aquella ocasión en particular, los israelitas fueron el instrumento que Dios usó para traer su juicio sobre los amalecitas. Continuemos con los versículos 10 y 11 de este capítulo 15 del primer libro de Samuel:

"Vino luego esta palabra del Señor a Samuel: Me pesa haber hecho rey a Saúl, porque se ha apartado de mí y no ha cumplido mis palabras. Se apesadumbró Samuel y clamó al Señor toda aquella noche".

No fue solamente el pueblo el que había elegido a Saúl, sino también Samuel. Samuel amaba a Saúl y quería que saliera bien como rey. Él quizá quería que Saúl, aún más que David, que reinaría después, tuviera éxito. Sin embargo, Dios en ese momento había desechado a Saúl, y Samuel, que era obediente a Dios debía ejecutar las órdenes de Dios. Saúl había sido desobediente, y el juicio entonces vendría sobre él. Leamos ahora los versículos 12 y 13, que inician un párrafo en el cual

Saúl fue reprendido

> *"Madrugó Samuel para ir al encuentro de Saúl por la mañana; y avisaron a Samuel: Saúl llega a Carmel y se ha erigido un monumento; después se dio vuelta y siguió adelante para bajar a Gilgal. Vino, pues, Samuel a Saúl, y Saúl le dijo: Bendito seas tú del Señor; yo he cumplido la palabra del Señor".*

Saúl dijo que había sido obediente, pero observemos la respuesta mordaz que Samuel le dio, aquí en los versículos 14 y 15:

> *"¿Pues qué balido de ovejas y bramido de vacas es este que yo oigo con mis oídos? preguntó entonces Samuel. De Amalec las han traído; porque el pueblo perdonó lo mejor de las ovejas y de las vacas, para sacrificarlas al Señor tu Dios, pero lo demás lo destruimos, respondió Saúl".*

Escuchemos a Saúl al comenzar a hacer uso del lenguaje ambiguo en un esfuerzo por encubrir su mala conducta bajo falsas apariencias. Dijo que había tenido un motivo muy piadoso para salvar algunos animales. Quería tener animales excelentes para ofrecerlos en sacrificio al Señor. Éste fue un esfuerzo por tratar de encubrir su desobediencia. Ahora, cuando su desobediencia se descubrió, observemos que trató de culpar al pueblo de lo que había sucedido, como veremos en el versículo 21, donde diría: "mas el pueblo tomó del botín ovejas y vacas, lo mejor de lo que estaba destinado a la destrucción". Pero el relato indicó, en el versículo 9, que ésa había sido la actitud de "Saúl y el pueblo". Y Saúl, como rey, era responsable.

Samuel, informó luego a Saúl lo que el Señor le había dicho. Y veamos lo que Saúl respondió a Samuel, aquí en los versículos 20 y 21:

> *"Saúl respondió a Samuel: Al contrario, ¡he obedecido la voz del Señor! Fui a la misión que el Señor me envió, traje a Agag, rey de Amalec, y he destruido a los amalecitas. Pero el pueblo tomó del botín ovejas y vacas, lo mejor de lo que estaba destinado a la destrucción, para ofrecer sacrificios al Señor, tu Dios, en Gilgal".*

Saúl aquí no solamente trató de culpar a otros, sino que hasta dijo que había obedecido la voz del Señor. Ahora, observemos cuidadosamente que él no dijo, "Mi Dios, ni nuestro Dios, sino el Señor tu Dios". No estaba dispuesto pues a asumir ninguna responsabilidad por haber preservado a los animales, aunque quedó establecido sin duda alguna que él era el culpable. Y Samuel le dijo aquí en los versículos 22 y 23:

> *"Entonces Samuel dijo: ¿Acaso se complace el Señor tanto en los holocaustos y sacrificios como en la obediencia a las palabras del Señor? Mejor es obedecer que sacrificar y prestar atención mejor es que la grasa de los carneros. Como pecado de adivinación es la rebelión, como ídolos e idolatría la obstinación. Por cuanto rechazaste la palabra del Señor, también él te ha rechazado para que no seas rey".*

Éste es uno de los pasajes más notables de las Escrituras. Aquí vemos que Dios desechó a Saúl como rey debido a su rebelión y desobediencia. Éste es un mensaje importante para cualquiera que se considere un hijo de Dios. Hoy en día parece que está de moda un acercamiento informal y amistoso hacia el Señor Jesucristo. Por ejemplo, hay algunas canciones que se cantan en las que los creyentes manifiestan ser amigos de Jesús. Pero, debemos tener mucho cuidado de no crear una impresión errónea de Jesucristo al presentar nuestro compañerismo con Él usando este tipo de expresiones. Cuando usted, Estimado lector, dice que Jesús es amigo suyo, ¿qué es lo que quiere decir? En realidad, usted le está haciendo descender a su propio nivel. Si yo dijera que el presidente de mi país, por ejemplo, es un amigo mío, estaría colocándole en mi propio nivel. Pero supongamos que el presidente dijera por radio y televisión que yo soy su amigo; entonces eso me elevaría a su nivel. Cuando empezamos a hablar de Jesús como nuestro amigo, no estamos necesariamente expresando una realidad basada en la Biblia. El Señor Jesucristo dijo en el evangelio según San Juan, capítulo 15, versículo 14: "Vosotros sois mis amigos, si hacéis lo que yo os mando" Estimado lector, ¿es usted obediente a Jesús? ¿Cómo puede alguno de nosotros atreverse a llamar a Jesús amigo si no le está obedeciendo? Y desobedecerle constituye una rebelión contra Dios.

Cuando uno se encuentra con alguien que es total y permanentemente desobediente al Señor, debe concluir que tal persona de ninguna manera pertenece al Señor. Ahora, no estamos diciendo que las obras tengan algo que ver con la salvación. Estamos diciendo simplemente que si usted es hijo de Dios, habiéndole llegado a conocerle mediante Jesucristo, le obedecerá. Él también dijo en el mismo evangelio según San Juan, capítulo 14, versículo 15: "Si me amáis, guardad mis mandamientos" Creemos que si usted le dijera al Señor, "No te amo", Él le respondería, "Olvídate entonces de guardar mis mandamientos". Lo importante, Estimado lector, es estar correctamente relacionado con el Señor Jesucristo. Ser hijo de Dios es conocerle de una manera muy personal. Eso es lo que distingue al cristianismo de todas las demás religiones del mundo. Usted puede ser miembro de cualquier religión sin conocer su fundador, pero usted no puede ser cristiano, sin conocer de una manera personal al Señor Jesucristo. Y conocerle es tener la vida eterna. Volvamos ahora a este capítulo 15 del primer libro de Samuel y continuemos leyendo el versículo 24:

"Saúl dijo a Samuel: He pecado, pues he desobedecido el mandamiento del Señor y tus palabras, porque temí al pueblo y consentí a la voz de ellos. Perdona, pues, ahora mi pecado".

Vemos aquí la baja motivación de este hombre. Dijo que por miedo al pueblo y por lo tanto, había obedecido los deseos de ellos. Es decir, que Saúl quería complacer a todos. En la actualidad, hay muchos que son como Saúl. Hay algunos, incluso, que tratan de agradar a todos y hasta comprometen su mensaje, privándolo de elementos que puedan incomodar, porque quieren llevarse bien con todo el mundo. Así también fue como Saúl se enfrentó a esta situación. Ahora, es verdad que Saúl confesó que había pecado, pero su arrepentimiento no era genuino. Y continuó hablando aquí en los versículos 25 al 29 y dijo:

"Vuelve conmigo para que adore al Señor. No volveré contigo, porque rechazaste la palabra del Señor y el Señor te ha rechazado para que no seas rey sobre Israel respondió Samuel a Saúl. Samuel se volvió para irse, pero él se asió de la punta de su manto, y este se desgarró. Entonces Samuel le dijo: El Señor ha desgarrado hoy de ti el reino de Israel y lo ha dado a un prójimo tuyo mejor que tú. Además, el que es la Gloria de Israel no mentirá ni se arrepentirá, porque no es hombre para que se arrepienta".

Dios había hecho rey a Saúl y entonces le quitó el reino, debido a su pecado. No era Dios quien había cambiado de idea o de actitud, sino Saúl. Saúl había pecado y por lo tanto, Dios tenía que juzgarle. Y dijo Saúl entonces en el versículo 30 de este capítulo 15 del primer libro de Samuel:

"Yo he pecado; pero te ruego que me honres delante de los ancianos de mi pueblo y delante de Israel, y que vuelvas conmigo para que adore al Señor, tu Dios, dijo Saúl".

Ya hemos dicho que el arrepentimiento de Saúl no era genuino. Observemos cómo encubría su pecado. Le estaba diciendo a Samuel que fuesen a cumplir juntos los ritos de adoración, y así el pueblo no sabría que había sido desechado como rey. Quiso arrepentirse, pero no quería pagar la pena de su desobediencia. Fue hipócrita hasta el fin. Y los versículos 31 al 33 dicen:

"Volvió Samuel en compañía de Saúl, y adoró Saúl al Señor. Después dijo Samuel: Traedme a Agag, rey de Amalec. Agag vino hacia él alegremente. Y decía: Ciertamente ya pasó la amargura de la muerte. Samuel dijo: Como tu espada dejó a las mujeres sin hijos, así tu madre quedará privada de su hijo entre las mujeres. Entonces Samuel cortó en pedazos a Agag delante del Señor en Gilgal".

Agag vino Samuel con una aparente tranquilidad, porque se vio en una situación delicada. Entonces Samuel mató a Agag. Ahora, seguramente para algunos aquellas fueron medidas demasiado severas. Pero no olvidemos nunca, que Dios es un Dios de juicio, y que Él juzgará todo pecado y maldad. Y nos alegramos que sea Dios quien va a juzgar. Damos gracias a Dios que nadie puede obrar con maldad impunemente. Puede haber aquellos, aun los que están en algún puesto de eminencia, que creen que no serán juzgados o condenados por su pecado, deshonestidad y adulterio; pero Dios los juzgará. Debe quedar claro que nadie se librará de las consecuencias de su pecado. De modo que, Samuel ejecutó aquí el juicio de Dios sobre este soberano vil y malvado, Agag. Leamos ahora los finales versículos 34 y 35 de este capítulo 15 del primer libro de Samuel:

"Se fue luego Samuel a Ramá, y Saúl subió a su casa en Gabaa de Saúl. Nunca más vio Samuel a Saúl en toda su vida. Y lloraba Samuel por Saúl, porque el Señor se había arrepentido de haberlo hecho rey de Israel".

Cuando la Biblia dice que Dios se arrepintió pareciera dar a entender que Él hubiera cambiado de parecer. Pero la verdad es que Dios no había cambiado de opinión. Dios dijo desde el principio que si Saúl no se comportaba bien, le quitaría. Saúl pecó, y por lo tanto Dios lo apartó de su puesto como rey. Simplemente cumplió Su palabra porque Dios aún aborrece el pecado y lo juzga. Saúl había sido una elección del pueblo, y había fracasado. Sin embargo, vemos aquí que Samuel lloró por él. Creemos que Samuel amaba sinceramente a Saúl. Muchísimo más de lo que amaría después a David. Y lamentó profundamente ver fracasar a este hombre. Es por eso que sus palabras a Saúl fueron tan duras y severas; porque procedían de una persona que le amaba. Además, estas palabras de Samuel también procedían del corazón de Dios. Estimado lector, el amor de Dios no le disuadirá de juzgar a los pecadores. Él puede amarlos y de todas formas, ejecutar Su juicio. Recordemos que nuestro Dios, es un Dios santo y justo, así como también es un Dios amante.

Y así concluimos nuestro estudio de este capítulo 15 del primer libro de Samuel.

1 Samuel 16:1-2

En este capítulo veremos que Dios eligió a David para suceder a Saúl y envió a Samuel a Belén para ungir a David como rey de Israel. Y como Saúl sería abandonado por Dios, David sería traído a la corte para tocar el arpa y de esa manera calmaría el espíritu malo de Saúl.

En este capítulo 16 llegamos a un nuevo tema. Veremos que hay un contraste marcado entre Saúl y David. David era el hombre de Dios, mientras que Saúl, era el hombre de Satanás. En el capítulo 15 vimos el rechazo de Dios hacia Saúl. Dios no le había dado a Saúl solamente una oportunidad, sino varias ocasiones para que le obedeciera, pero Saúl se había mostrado totalmente desobediente a Dios. Al Señor no le era necesario esperar para ver los resultados del reinado de Saúl. Él ya lo sabía de antemano. Pero Saúl necesitaba saberlo. Y también Samuel necesitaba saberlo, porque él amaba a Saúl. Y el pueblo tenía que estar enterado porque ellos habían elegido a Saúl.

Y hoy, Estimado lector, nosotros también necesitamos saber si somos genuinos hijos de Dios. Por tal motivo, somos sometidos a prueba y necesitamos la ayuda del Espíritu de Dios porque como nos dice el escritor a los Hebreos en el capítulo 12 de su carta, versículo 6: "Porque el Señor al que ama, disciplina, y azota a todo el que recibe por hijo". El Señor pone a prueba a aquellos que ama. Éste era el método de Dios en los tiempos de Saúl, y es Su método también en la actualidad. El apóstol Santiago en su carta universal, capítulo 1, versículo 12 dijo: "Bienaventurado el hombre que soporta la tentación, porque cuando haya resistido la prueba, recibirá la corona de vida, que Dios ha prometido a los que le aman". En nuestra historia fue Saúl el sometido a prueba, con grandes oportunidades de tener éxito, pero a pesar de ello, fracasó.

Ahora, nuevamente, ¿por qué esa extrema cirugía de matar a los amalecitas y a Agag? Amalec era hijo de Esaú. Los amalecitas pelearon contra los hijos de Israel cuando estos trataban de entrar en la Tierra Prometida. Y Dios dijo que haría guerra contra Amalec de generación en generación, y que por fin los juzgaría. Los amalecitas tuvieron como unos quinientos años para cambiar su manera de ser y arrepentirse. Pero ellos volvieron sus espaldas definitivamente contra Dios, y por tanto Dios los juzgó.

Llegamos al momento en que Dios eligió a David para suceder a Saúl como rey. Dios envió a Samuel a Belén para ungir a David como rey. En contraste con Saúl que había sido elegido por el pueblo, David fue escogido directamente por Dios mismo. Y aunque Dios tendría sus dificultades con él, también Dios tiene dificultades con todos nosotros, ¿no es cierto? Leamos, pues, el primer versículo de este capítulo 16 del primer libro de Samuel:

"Dijo el Señor a Samuel: ¿Hasta cuándo llorarás por Saúl, habiéndolo yo rechazado para que no reine sobre Israel? Llena tu cuerno de aceite y ven, te enviaré a Isaí de Belén, porque de entre sus hijos me he elegido un rey".

Como podemos ver aquí, Samuel estaba a favor de Saúl. Samuel amaba a Saúl y no soportaba verle desechado por Dios. Le había dolido dar a Saúl el ultimátum de que había sido rechazado y descartado como rey. Así que la tristeza de Samuel hizo más dramático este proceso.

En este programa hemos destacado la amistad con el Señor Jesucristo, así como las evidencias de esa amistad, que debieran hoy llevarnos a examinarnos en un área tan importante como el de nuestra relación con Dios. Viene bien recordar las palabras de la carta de Santiago 4:4: "¿No sabéis que la amistad del mundo es enemistad contra Dios? Cualquiera, pues, que quiera ser amigo del mundo, se constituye en enemigo de Dios". Y la palabra "mundo" aquí, incluye a todas las realidades que se interponen, como un obstáculo entre nosotros y Dios, que nos apartan de la obediencia a Su Palabra, que enfrían nuestro amor por Él, que nos distancian del pleno disfrute de Su amistad. ¿Cuál será nuestra respuesta?

1 Samuel 16:2-17:58

En el capítulo anterior comenzamos el estudio del capítulo 16 del primer libro de Samuel. Y dijimos que llegábamos al momento en que Dios eligió a David para suceder a Saúl como rey. Dios envió a Samuel a Belén para ungir a David como rey. En contraste con Saúl, que había sido elegido por el pueblo, David fue escogido por Dios mismo. Es cierto que Dios tendría Sus dificultades con él, pero también Dios tiene hoy dificultades con todos nosotros. Y en el primer versículo de este capítulo 16, vimos cómo Samuel todavía estaba a favor de Saúl. Samuel amaba a Saúl y no quería verle desechado por Dios; y le dolió tener que dar a Saúl el ultimátum de que había sido desechado y descartado como rey. La tristeza de Samuel hizo pues, más dramático todo este proceso. Continuaremos hoy nuestro estudio leyendo los versículos 2 y 3 de este capítulo 16 del primer libro de Samuel:

"Samuel preguntó: ¿Cómo iré? Si Saúl lo supiera, me mataría. El Señor respondió: Toma contigo una becerra de la vacada, y di: A ofrecer sacrificio al Señor he venido. Invita a Isaí al sacrificio y yo te enseñaré lo que has de hacer; me ungirás al que yo te diga".

Samuel tenía miedo de ir a Isaí porque Saúl no se hallaba anímicamente en condiciones de soportar ninguna oposición. Estaba desesperado. Al continuar con la historia, sin embargo, vemos que fue Dios quien hizo la elección. Le dijo a Samuel exactamente lo que debía hacer, aunque no le dio por anticipado ninguna información. Su falta de conocimiento le protegería. Por tanto, Samuel se fue a Belén y entró en la casa de Isaí. Allí le pidió a Isaí y a sus hijos que vinieran al sacrificio. Y escuchemos lo que dijo aquí en los versículos 6 y 7:

"Aconteció que cuando ellos vinieron, vio él a Eliab, y se dijo: De cierto delante del Señor está su ungido. Pero el Señor respondió a Samuel: No mires a su parecer, ni a lo grande de su estatura, porque yo lo desecho; porque el Señor no mira lo que mira el hombre, pues el hombre mira lo que está delante de sus ojos, pero el Señor mira el corazón".

En toda esta sección encontraremos excelentes principios espirituales. Recordemos que en el capítulo 15, versículo 22, Samuel le dijo a Saúl: "Mejor es obedecer que sacrificar; y el prestar atención mejor es que la grasa de los carneros". Usted y yo, Estimado lector, demostramos si pertenecemos o no al Señor Jesucristo, por nuestro amor hacia Él. No es lo que expresamos al contar a otros lo que somos. Lo importante es si le estamos obedeciendo o no. La vida cristiana es una vida de realidades. No es una vida de fingimiento, afectación o apariencia.

Aquí en el versículo 7 que acabamos de leer, notamos que Dios nos mira desde dentro. Es lo que llamaríamos, un "decorador de interiores". Siempre revisa la parte interna. Y en este caso particular, vemos que Dios quiso evitar que al ver a un joven atractivo y fornido, Samuel pensara que ésa era la elección de Dios. Entonces le dijo: "No quiero que mires la apariencia exterior. No juzgues a un hombre según sus apariencias. Deja que esta vez Yo elija al hombre. Yo escogeré al rey". Dios ve el corazón, y gracias a Dios por eso. Somos tan propensos a juzgar a los demás, incluso en los círculos cristianos, por su apariencia, por su dinero, su posición social, la casa en que vive, el automóvil que conduce, o el puesto que ocupa. Pero Dios, Estimado lector, nunca juzga a nadie en base a esos factores. Le estaba diciendo a Samuel que no prestara atención a la apariencia exterior. Porque Dios iba a mirar el corazón.

Bien, aquí vemos que Isaí obedeció esta petición de Samuel e hizo que sus hijos pasaran delante de Samuel, uno por uno. Samuel le expuso claramente a Isaí el motivo de su visita, y así siete de sus hijos pasaron ante Samuel. Y continuamos leyendo ahora los versículos 10 y 11:

"Hizo luego pasar Isaí siete hijos suyos delante de Samuel; pero Samuel dijo a Isaí: El Señor no ha elegido a estos. Entonces dijo Samuel a Isaí: ¿Son estos todos tus hijos? Isaí respondió: Queda aún el menor, que apacienta las ovejas. Y dijo Samuel a Isaí: Envía por él, porque no nos sentaremos a la mesa hasta que él venga aquí".

Seguramente incluso el padre de David, el hijo ausente, nunca le habría escogido por encima de sus otros siete hermanos. En primer lugar, David era simplemente un muchacho. Se cree que tenía unos dieciséis años. Posiblemente era aún más joven. Era sólo un joven pastor. Estaba fuera con las ovejas. En verdad no sabía mucho. Isaí no le habría escogido a él para ser rey, antes que a sus hermanos. La verdad es que lo había ignorado completamente. Estaba tan seguro que uno de sus otros hijos sería escogido, que ni siquiera había invitado a David al sacrificio. Pero cuando Samuel se enteró que David estaba cuidando las ovejas, le dijo a Isaí que enviara a buscarlo. Samuel declaró que no se sentarían a la mesa hasta que David fuera traído. Leamos ahora el versículo 12 de este capítulo 16 del primer libro de Samuel:

"Envió, pues, por él, y lo hizo entrar. Era rubio, de hermosos ojos y de buen parecer. Entonces el Señor dijo: Levántate y úngelo, porque éste es".

Cuando este versículo dice que David era rubio, creemos que significa que su cabello era rubio, tirando a rojo. Por otra parte veremos que David tenía un carácter que hacía juego con su cabello rojo. Tenía un carácter apasionado. Pero además, David era un joven bien parecido. Dios puede usar la hermosura. Él es el Creador de la belleza. Nadie que viva en esta tierra puede ignorar la belleza de tantos y variados paisajes que hay alrededor del mundo. Y una puesta de sol en cualquier lugar de esta tierra, es una vista verdaderamente hermosa. Dios se especializa en la belleza.

Nos molesta el hecho de que el mundo asigne a cualquier circunstancia el mérito por todo lo que tiene valor y que es hermoso. ¿Por qué no darle la gloria a Dios? ¿Por qué no darle el honor que le corresponde dedicándole la belleza y el talento? Bien, David era atractivo, pero Dios no le escogió por ese motivo. Dios conocía su corazón. Y así él fue la elección de Dios. Dios conocía lo que usted y yo, Estimado lector, no sabemos acerca de David. Aunque David fallaría, en lo más profundo de su ser había una fe que nunca falló. David amaba a Dios y confiaba en Él. Quería vivir con Dios y en armonía con Él. Dios, por decirlo así, le castigó hasta el límite de lo que alguien puede soportar. Pero David aceptó la corrección de Dios y nunca se quejó de manera indebida, fuera de control o rebelándose. Anhelaba esa comunión con Dios, y Dios le amaba tal cual era. Era un hombre cuyo carácter agradaba a Dios. Leamos ahora el versículo 13:

"Samuel tomó el cuerno del aceite y lo ungió en medio de sus hermanos. A partir de aquel día vino sobre David el espíritu del Señor. Se levantó luego Samuel y regresó a Ramá".

Samuel ungió a David como rey y el Espíritu del Señor vino sobre él. En este tiempo el Espíritu del Señor se apartó de Saúl. Avancemos con los versículos 14 al 16:

"El espíritu del Señor se apartó de Saúl, y un espíritu malo de parte del Señor lo atormentaba. Y los criados de Saúl le dijeron: Mira, un espíritu malo de parte de Dios te atormenta. Diga, pues, nuestro señor a tus siervos que están en tu presencia, que busquen a alguno que sepa tocar el arpa, para que cuando esté sobre ti el espíritu malo de parte de Dios, toque con su mano y tengas alivio".

Creemos que Saúl estaba completamente poseído por Satanás. Sus siervos pensaron que padecía de esta enfermedad mental y espiritual. Se dice que la música tiene poder para amansar aun a la fiera más salvaje. De modo que, los siervos de Saúl sugirieron que se llevara a cabo una especie de concurso para determinar quién era el mejor músico. Y David era músico. Sigamos adelante con los versículos 17 al 23 de este capítulo 16 del primer libro de Samuel:

"Saúl respondió a sus criados: Buscadme ahora, pues, a alguno que toque bien, y traédmelo. Entonces uno de los criados respondió: He visto a un hijo de Isaí de Belén que sabe tocar; es valiente y vigoroso, hombre de guerra, prudente en sus palabras, hermoso, y Jehová está con él. Entonces Saúl envió mensajeros a Isaí, diciendo: Envíame a David tu hijo, el que está con las ovejas. Y tomó Isaí un asno cargado de pan, una vasija de vino y un cabrito, y lo envió a Saúl por medio de David, su hijo. David se presentó ante Saúl y se puso a su servicio. Saúl lo amó mucho y lo hizo su paje de armas. Luego mandó a decir a Isaí: Te ruego que David se quede conmigo, pues ha hallado gracia a mis ojos. Así, cuando el espíritu malo de parte de Dios venía sobre Saúl, David tomaba el arpa y la tocaba. Saúl se aliviaba y se sentía mejor, y el espíritu malo se apartaba de él".

David era un hombre extraordinario en muchas maneras. Aquí vemos que David fue traído al palacio. Dios, Estimado lector, mira al hombre interior cuando elige a alguien para un oficio o tarea en particular. Saúl, ya entonces, había sido abandonado por Dios, y David fue traído a la corte para tocar su arpa. Aunque la noticia aún no era conocida, Israel ya tenía un nuevo rey.

Y así concluye nuestro estudio de este capítulo 16 del primer libro de Samuel.

1 Samuel 17

El tema de este capítulo gira alrededor de la forma en que Dios entrenó a David. Éste es uno de los capítulos más conocidos de la Biblia. El gran episodio de David y Goliat reveló más que un ejemplo de valentía humana. Reveló que, aun siendo joven, tenía un corazón dispuesto para Dios. David no se presentó voluntariamente para pelear contra el gigante porque su pueblo estaba siendo humillado, sino porque Goliat estaba desafiando a los ejércitos del Dios vivo. Al presentarse ante un enemigo tan formidable, dio un testimonio público de su fe en Dios. Por ello destacamos la frase de David en este mismo capítulo, en el versículo 45: "Tú vienes contra mí con espada, lanza y jabalina; pero yo voy contra ti en el nombre del Señor de los ejércitos, el Dios de los escuadrones de Israel, a quien tú has provocado".

El capítulo 17 es uno de los capítulos más conocidos en toda la Biblia. Leamos ahora los versículos 1 y 2, donde comienza el episodio en que

David mató a Goliat, el gigante de Gat

"Los filisteos reunieron sus ejércitos para la guerra, se congregaron en Soco, que es de Judá, y acamparon entre Soco y Azeca, en Efes-damim. También Saúl y los hombres de Israel se reunieron, acamparon en el valle de Ela, y se pusieron en orden de batalla contra los filisteos".

Israel estaba nuevamente en guerra con los filisteos, su enemigo perenne y perpetuo. Veamos el versículo 3:

"Los filisteos estaban sobre un monte a un lado, e Israel estaba sobre otro monte al otro lado, quedando el valle entre ellos".

Ahora, estos dos ejércitos estaban acampados uno frente al otro; en un tenso equilibrio, midiendo sus fuerzas, cada uno esperando que el otro comenzara las hostilidades. Los filisteos sobre un monte, e Israel sobre el otro monte, con el valle entre ellos. Los filisteos eran la parte agresora. Leamos los versículos 4 y 5 de este capítulo 17:

"Salió entonces del campamento de los filisteos un paladín llamado Goliat, oriundo de Gat, que medía unos tres metros de estatura. Llevaba un casco de bronce en su cabeza y vestía una coraza también de bronce; la coraza pesaba cincuenta y cinco kilos".

Ahora, como vemos, Goliat era un hombre muy alto. Además, parecía que estos soldados no querían pelear, sino que preferían decidir la batalla dejando la lucha en manos de Goliat y de un solo israelita. Continuemos con los versículos 6 al 8:

"En sus piernas tenía canilleras de bronce y una jabalina de bronce a la espalda. El asta de su lanza era como un rodillo de telar y la punta de su lanza pesaba más de seis kilos. Delante de él iba su escudero. Goliat se paró y dio voces a los escuadrones de Israel, diciéndoles: ¿Para qué os habéis puesto en orden de batalla? ¿No soy yo el filisteo y vosotros los siervos de Saúl? Escoged de entre vosotros un hombre que venga contra mí".

Ahora, todos los días Goliat salía y desafiaba a los israelitas a que enviaran a un hombre para que peleara contra él. Pero después de transcurridos cuarenta días de provocaciones, nadie había aceptado el desafío. Y David apareció en la escena porque había traído comida para sus hermanos, que estaban sirviendo en el ejército. David estaba alarmado porque nadie aceptaba el desafío. Sus hermanos trataron de enviarle a su casa pero el prefirió quedarse. Cuando Saúl oyó que David saldría a luchar contra Goliat, intentó colocarle su casco y su armadura. Sin embargo, David era demasiado joven para llevar tanto peso encima sin haberse entrenado antes y decidió salir a luchar con el equipo con qué solía hacerlo. Aquí ya tenemos una lección para nosotros. No tratemos de ser lo que no somos ni de hacer algo para lo cual no hemos sido llamados. Simbólicamente hablando, si Dios le ha llamado a usar una honda, Estimado lector, no trate de usar una espada. Si Dios le ha llamado a hablar, entonces hable y si le ha llamado a hacer otra cosa, pues hágala. Si Dios le ha llamado a cantar, cante. Pero si no le ha llamado a cantar, ¡por favor, no lo haga! Figurativamente hablando, demasiada gente está tratando de usar una espada, cuando en realidad la honda es más acorde con su estatura. Leamos ahora el versículo 40 de este capítulo 17 de 1 Samuel.

"Luego tomó en la mano su cayado y escogió cinco piedras lisas del arroyo, las puso en el saco pastoril, en la bolsa que traía, y con su honda en la mano se acercó al filisteo".

Algunos creen que David escogió cinco piedras lisas, por si acaso erraba con la primera, y poder entonces usar las otras 4 piedras. Pero, Estimado lector, David no pensaba fallar. ¿Por qué entonces escogería cinco piedras? La respuesta la encontraremos en el Segundo Libro de Samuel, el capítulo 21, versículo 22 donde leemos: "Estos cuatro eran descendientes de los gigantes en Gat, los cuales cayeron por mano de David y por mano de sus siervos". Es que Goliat tenía cuatro hijos, y David estaba seguro que saldrían a luchar contra él tan pronto como él diera muerte a su padre. Fue por ese motivo que David escogió las cinco piedras.

Continuemos ahora leyendo los versículos 41 al 47:

"El filisteo fue avanzando y acercándose a David, precedido de su escudero. Cuando el filisteo miró y vio a David, no lo tomó en serio, porque era apenas un muchacho, rubio y de hermoso parecer. El filisteo dijo a David: ¿Soy yo un perro, para que vengas contra mí con palos? Y maldijo a David invocando a sus dioses. Dijo luego el filisteo a David: Ven hacia mí y daré tu carne a las aves del cielo y a las bestias del campo. Entonces dijo David al filisteo: Tú vienes contra mí con espada, lanza y jabalina; pero yo voy contra ti en el nombre del Señor de los ejércitos, el Dios de los escuadrones de Israel, a quien tú has provocado. El Señor te entregará hoy en mis manos, yo te venceré y te cortaré la cabeza. Y hoy mismo entregaré tu cuerpo y los cuerpos de los filisteos a las aves del cielo y a las bestias de la tierra, y sabrá toda la tierra que hay Dios en Israel. Y toda esta congregación sabrá que el Señor no salva con espada ni con lanza, porque del Señor es la batalla y él os entregará en nuestras manos".

Y usted bien sabe el resto de la historia. El tiempo no es suficiente como para presentarla detalladamente, pero Dios le dio la victoria a David, que mató a Goliat. La batalla, como dijo David, era del Señor; y el gigante, y todos los filisteos fueron entregados en manos de David, y del ejército israelita.

Este capítulo concluye con el renovado interés que Saúl expresó por David, tratando conseguir información de sus antecedentes familiares. En el versículo 18 del capítulo 16, leímos que uno de los criados del rey había descrito a David como "hijo de Isaí. . . que sabe tocar; es valiente y vigoroso y hombre de guerra, prudente en sus palabras, hermoso, y el Señor está con él". Luego en el versículo 21, vimos que Saúl le hizo su paje de armas pero aparentemente nunca tomó en serio este aspecto de David como "hombre de guerra". Sólo después que David matara al gigante, fue cuando Saúl mostró interés en David desde ese punto de vista.

Hay grandes lecciones espirituales en este capítulo. Por ejemplo, el gigante podría representar al mundo. Saúl podría representar a Satanás y David, al creyente en el Señor Jesucristo. A los creyentes se nos ha aconsejado, en 1 Juan 2:15: "No améis al mundo ni las cosas que están en el mundo. Si alguno ama al mundo, el amor del Padre no está en él". Nosotros estamos en el mundo, pero no pertenecemos a un sistema o ideología que se opone a Dios o le ignora. Observemos qué contraste hubo entre David y Sansón, a quien estudiamos como uno de los jueces en el libro que lleva ese nombre. Sansón trataba a los filisteos como amigos; incluso se casó con una mujer de ese pueblo. En cambio, David trató a Goliat como un enemigo. El sistema del mundo, el cosmos, que incluye los poderes, programas e ideologías hostiles a Dios y a Su Palabra, es hoy el enemigo del creyente. Aquí cabe destacar el detalle significativo de que la fe de David le capacitó para salir a enfrentarse con el gigante y derrotarle. Como bien dijo el citado apóstol Juan en su primera carta 5:4, "Porque todo lo que es nacido de Dios vence al mundo; y ésta es la victoria que ha vencido al mundo, nuestra fe". Ésta fue la misma lección que aprendió Josué, al entrar en la tierra prometida y conquistar Jericó; él descubrió que aquella batalla era la batalla del Señor. Y David también aprendió que no podía utilizar las armas que el mundo de su tiempo había previsto para luchar en su batalla. Tuvo que usar sus propias armas, sus propios recursos, aquellos en los cuales Dios le había preparado. Estimado lector, el creyente hoy necesita reconocer que ese mundo que hemos descrito puede ser vencido únicamente por su fe y confianza en Dios. Y si usted no se considera creyente, le invitamos a entregar su vida a Jesucristo, el Hijo de Dios, quien murió en la cruz y resucitó, porque en la gran batalla de los siglos, el autor de la vida luchó y venció a su enemigo, el autor del pecado y la muerte. En otras palabras, le invitamos a compartir, por la fe, la victoria del Señor Jesucristo, apropiándose de la vida eterna.

1 Samuel 18:1-20:1

En nuestro recorrido por la Biblia llegamos al capítulo 18 de este primer libro de Samuel que estamos estudiando. En el capítulo 17 David venció al gigante Goliat. No entramos en muchos detalles por la sencilla razón de que es una historia muy conocida. Pero hay algunas grandes lecciones espirituales que no hemos pasado por alto. Por ejemplo, el gigante podría ser un símbolo del mundo. Saúl, creemos nosotros, ilustra la presencia y obra de Satanás; y David representaría al creyente en el Señor Jesucristo. El apóstol Juan en su primera carta, capítulo 2, versículo 15, nos amonestó diciendo: "No améis al mundo, ni las cosas que están en el mundo. Si alguno ama al mundo, el amor del Padre no está en él". Estamos en el mundo pero no pertenecemos al sistema que se opone a Dios o, simplemente, le ignora.

Hemos hablado del contraste que había entre Sansón, uno de los jueces, y David. Sansón trató como amigos a los filisteos. Hasta se casó con una hija de ellos. En cambio, David trató a Goliat como el enemigo que era. Hoy, el sistema del mundo dominado por el enemigo de Dios, es también el enemigo del creyente. Lo interesante fue que la fe de David le capacitó para salir a enfrentarse al gigante y vencerle. El mismo apóstol Juan en su primera carta, capítulo 5, versículo 4, nos dijo: "Porque todo lo que es nacido de Dios vence al mundo; y esta es la victoria que ha vencido al mundo, nuestra fe". Es la misma lección que Josué aprendió al entrar en la tierra prometida y vencer sobre la ciudad de Jericó. Descubrió que la batalla era la batalla del Señor. David también se enteró de que no podía emplear las armas que el mundo de su tiempo había previsto para este tipo de batalla. Tuvo que hacer uso de sus propias armas, de sus propios recursos, es decir aquellos que Dios le había enseñado, y esto es algo que nosotros también debemos tener en cuenta.

En el capítulo 18 vemos que Jonatán, al que ya hemos conocido, y David, se hicieron grandes amigos. Los dos eran hombres sobresalientes, y la clase de personas que Dios puede usar. Comencemos, pues, leyendo el primer versículo de este capítulo 18, que comienza a explicar cómo surgió

El pacto entre David y Jonatán

"Aconteció que cuando David acabó de hablar con Saúl, el alma de Jonatán quedó ligada con la de David, y lo amó Jonatán como a sí mismo".

David estaba hablando con Saúl. Saúl había llamado a David después de la batalla porque quería darle un merecido reconocimiento por sus hechos. Es posible que, con el tiempo, Saúl creyera que le había dado demasiado reconocimiento, a la luz de lo que sucedería más tarde. Al parecer, Jonatán, el primogénito de Saúl estaba presente también y escuchó esta conversación entre Saúl y David. Y desde ese momento, David y Jonatán, fueron conscientes de la afinidad que había entre ellos. Estos dos tuvieron desde entonces una gran amistad, realmente ejemplar. Muchas veces nos olvidamos de lo noble y bueno que puede ser el afecto de la amistad, el cariño entre dos hombres, como en este caso, cuando son atraídos el uno al otro por sus personalidades similares y compatibles. Pueden ver, el uno en el otro, como un reflejo de sí mismos. Jonatán era un hombre sobresaliente, destacado por su valor, como ya hemos visto, y seguramente admiraba la valentía de David y su confianza en Dios. Y así David y Jonatán hicieron este pacto de amistad vitalicio. Leemos aquí en el versículo 2:

"Aquel día Saúl tomó consigo a David y no lo dejó volver a casa de su padre".

David llegó entonces a ser una figura pública, y desde ese momento en adelante ocuparía esa posición durante toda su vida. Y dice el versículo 3 de este capítulo 18 del primer libro de Samuel:

"Hizo Jonatán un pacto con David, porque lo amaba como a sí mismo".

El pacto que estos dos hombres hicieron fue el de permanecer unidos ante las circunstancias de la vida, como muestra de su afecto, apoyo mutuo y solidaridad. Es muy difícil encontrar una amistad como la que ellos tenían. Continuemos con el versículo 4:

"Se quitó Jonatán el manto que llevaba y se lo dio a David, así como otras ropas suyas, su espada, su arco y su cinturón".

David era un campesino. No tenía ropa que fuera apropiada para su nueva vida pública. Entonces, Jonatán compartió su túnica y su capa con David, lo cual fue una acción muy generosa. Prosigamos con el versículo 5:

"Y salía David a dondequiera que Saúl lo enviaba, y se portaba prudentemente. Entonces lo puso Saúl al frente de su gente de guerra, y era bien visto por todo el pueblo, y también por los siervos de Saúl".

David tenía ese carisma del cual oímos tanto hoy, cuando se habla de la popularidad de algunos; aquello que lo hizo ser aceptado por el pueblo. David en verdad era un gran hombre. Dios había mirado a su corazón; y ahora el público miraba a su aspecto exterior. David era tan atractivo por dentro como por fuera. Es verdad que más tarde David pecó; pero cuando lleguemos al estudio de esa parte de su vida, creemos que nos será posible ofrecer una explicación satisfactoria de lo que ocurrió. Porque él tenía un corazón dedicado a Dios y la gente le amaba por ello. Avancemos con los versículos 6 al 9 de este capítulo 18 del primer libro de Samuel:

"Aconteció que cuando volvían, después de haber matado David al filisteo, salieron las mujeres de todas las ciudades de Israel a recibir al rey Saúl cantando y danzando con panderos, con cánticos de alegría y con instrumentos de música. Mientras danzaban, las mujeres cantaban diciendo: Saúl hirió a sus miles, y David a sus diez miles. Saúl se enojó mucho y le desagradaron estas palabras, pues decía: A David le dan diez miles, y a mí miles; no le falta más que el reino. Y desde aquel día Saúl no miró con buenos ojos a David".

Comprensiblemente, a Saúl no le gustó esta nueva canción que cantaban las mujeres. Saúl tenía celos de David debido a la aceptación y admiración que le profesaba el pueblo. Al proseguir esta historia veremos que Saúl trataría de destruir a David y de apartarle del lugar en que su popularidad le había colocado. Pero David llegó a ser el favorito del pueblo. A medida que David se iba convirtiendo en el personaje más popular, comenzó a ver que Saúl no era con él tan amistoso como al principio. Sigamos adelante leyendo el versículo 10:

"Aconteció al otro día, que un espíritu malo de parte de Dios se apoderó de Saúl, y él deliraba en medio de la casa. David tocaba como otras veces. Saúl tenía la lanza en la mano".

Tenemos aquí una escena realmente dramática. David estaba tocando su arpa y Saúl estaba manipulando una lanza. Ahora, puede ser que David hubiera tocado una o dos notas desafinadas; eso no lo sabemos. Lo cierto fue que sucedió algo tremendo e imprevisto. Leamos el versículo 11:

"Saúl arrojó la lanza, pensando: Voy a clavar a David en la pared. Pero David lo evadió dos veces".

Saúl quería acabar con David permanentemente. David, por su parte, eludió la lanza y luego se fue, saliendo del palacio lo más rápido que pudo. Sigamos adelante con los versículos 12 hasta el 16:

"Temía Saúl a David, por cuanto el Señor estaba con él, y de Saúl se había apartado; por eso Saúl lo alejó de su lado y lo puso al frente de un millar de hombres. Así David salía y entraba a la cabeza de sus hombres. David se conducía prudentemente en todos sus asuntos y el Señor estaba con él. Al ver Saúl que se portaba tan prudentemente, tenía temor de él. Pero todo Israel y Judá amaba a David, pues salía y entraba a la cabeza de ellos".

En los versículos 17 al 20, veremos que la situación tomó un nuevo rumbo porque

David se casó con Mical, hija de Saúl

David era entonces el personaje aceptado por la nación. Saúl se había estado preguntando como le podría atrapar y finalmente decidió aplicar un método ingenioso. Le prometió a David su hija Merab como esposa, con la condición de que continuase su guerra contra los filisteos, esperando que fuese muerto en alguna batalla. Al final ese proyecto no resultó viable y entonces Saúl optó por otro, de modo que le daría a Mical por esposa. Eso colocaría a David en la familia real, donde estaría al alcance de Saúl en todo momento. Ahora, creemos que David nunca llegaría a amar de veras a Mical. Las Escrituras dicen aquí que ella le amaba a él, pero veremos que por fin llegó el día cuando ella se burlaría de él y le despreciaría; y él a su vez la dejaría. A veces nos sentimos inclinados a culpar a David por casarse tantas veces; pero la verdad es que tuvo con aquella mujer un mal comienzo en su vida sentimental. Dice el versículo 20:

"Pero Mical, la otra hija de Saúl, amaba a David. Le fue dicho a Saúl, y a éste le pareció bien".

Dice aquí que Mical amaba a David, pero quisiéramos aclarar que no era esa clase de amor que se necesita para que un matrimonio tenga éxito. En el principio ese amor se basaba en la admiración de ella por el héroe famoso. Pero como ya anticipamos, llegó el día cuando ella le perdería el respeto, y le despreciaría en público, poniéndole en ridículo cuando David, ya ejerciendo como rey, expresara en público su entusiasmo por Dios.

Los versículos 21 al 30 revelan que Saúl pensó que por medio de este matrimonio podría conducir a David hacia una situación de peligro que le causara la muerte. Y exigió como dote 100 prepucios de filisteos, para poder celebrar la boda. Pero David luchó contra los filisteos, obteniendo así la dote requerida. Vemos, pues, que ni aun con este matrimonio pudo Saúl cumplir sus planes en cuanto a David. Vio sus planes frustrados, y le temió incluso más al observar cómo prosperaba.

Y así concluye nuestro estudio de este capítulo 18 del primer libro de Samuel. Entramos ahora a...

1 Samuel 19

El capítulo 19 comienza una sección que hemos titulado "David disciplinado". Saúl intentó matar personalmente a David y, al fracasar, dio abiertamente órdenes para que fuese muerto. Aunque en varias ocasiones el rey Saúl, por unos momentos se arrepentía de sus intentos asesinos, la vida de David estaría en peligro hasta la muerte de Saúl. Durante esos años de exilio, quizás unos 10 años, David fue acosado y perseguido como una bestia salvaje. Se convirtió en un nómada, en un vagabundo. Pasó por muchas dificultades y privaciones, viviendo en cuevas en el desierto. Sin embargo, durante ese período fue probado y entrenado en la escuela de Dios. Podríamos decir que tomó todo el curso y se graduó con todos los honores. Porque se convertiría en el rey más importante de Israel, y en un hombre que agradó a Dios. Muchos de los más hermosos salmos de David fueron escritos durante ese período tan duro. Comencemos pues este capítulo 19 leyendo los versículos 1 y 2, que nos informan que

Saúl intentó matar nuevamente a David

"Habló Saúl a Jonatán, su hijo, y a todos sus siervos, para que mataran a David; pero Jonatán, hijo de Saúl, amaba mucho a David, y le avisó diciendo: Mi padre Saúl procura matarte; por tanto, cuídate hasta la mañana, estate en lugar oculto y escóndete".

Jonatán le aconsejó a David que saliera del palacio y se escondiera, porque su vida estaba en peligro. Vemos aquí que Saúl entonces, ya abiertamente, trataba de matar a David. Su amigo Jonatán, sin embargo, quiso ayudarlo. Avancemos con los versículos 3 y 4:

"Yo saldré y estaré junto a mi padre en el campo donde tú estés; hablaré de ti a mi padre y te haré saber lo que haya. Jonatán habló bien de David a su padre Saúl, y le dijo: No peque el rey contra su siervo David, porque ningún pecado ha cometido contra ti y, al contrario, sus obras han sido muy beneficiosas para ti"

Jonatán tenía un plan y tenía la intención de hablar con su padre. Saúl y Jonatán salieron al campo y entonces Jonatán le recordó a Saúl la actitud ejemplar de David hacia el rey. Y continuó diciendo aquí en los versículos 5 al 7 de este capítulo 19 del primer libro de Samuel:

"pues él puso su vida en peligro para matar al filisteo, y el Señor le dio una gran victoria a todo Israel. Tú lo viste y te alegraste. ¿Por qué, pues, vas a pecar contra sangre inocente, matando a David sin causa? Escuchó Saúl las palabras de Jonatán y juró: ¡Vive el Señor!, no morirá. Llamó entonces Jonatán a David y le contó todas estas palabras; él mismo llevó a David ante Saúl, y se quedó a su servicio como antes".

Saúl escuchó finalmente a su hijo y, en consecuencia, David regresó al palacio. Sin embargo, David continuaba siendo cauto, porque sabía que su vida estaba en peligro. Y continuemos con los versículos 8 al 10 de este capítulo 19 del primer libro de Samuel:

"Después hubo de nuevo guerra; salió David y peleó contra los filisteos, les causó un gran estrago y huyeron ante él. Pero el espíritu malo de parte del Señor se apoderó de Saúl; y estando sentado en su casa con una lanza en la mano, mientras David tocaba, Saúl procuró clavar a David con su lanza en la pared, pero él se apartó de delante de Saúl, y la lanza se clavó en la pared. David huyó y se puso a salvo aquella noche".

Observemos la reacción de Saúl al regreso triunfante de David al palacio. Un espíritu malo vino sobre Saúl una vez más, y nuevamente quiso matar a David. Fue una escena muy dramática. David estaba tocando su arpa y Saúl tenía una lanza en su mano. David sabía que la hora llegaría en la que Saúl arrojaría aquella lanza con el intento de enclavarlo a la pared. También sabía que ya no viviría sin peligro en el palacio, aunque estaba casado con la hija de Saúl. Y leemos aquí en los versículos 11 hasta el 13:

"Saúl envió luego mensajeros a casa de David para que lo vigilaran y lo mataran por la mañana. Pero Mical, su mujer, le avisó a David: Si no salvas tu vida esta noche, mañana estarás muerto. Descolgó Mical a David por una ventana. Él se fue y huyó poniéndose a salvo. Tomó luego Mical una estatua y la puso sobre la cama, le acomodó por cabecera una almohada de pelo de cabra y la cubrió con la ropa".

Al principio Mical estaba a favor de David y le dijo que si no se escapaba aquella misma noche, al día siguiente estaría muerto. Ella sabía que su padre hablaba en serio. De modo que, David huyó del palacio y Mical arregló la cama para que pareciera que David todavía estaba acostado allí. Y continuemos leyendo en los versículos 14 al 17:

"Cuando Saúl envió mensajeros para capturar a David, ella dijo: Está enfermo. Volvió Saúl a enviar mensajeros en busca de David, y les dijo: Traédmelo en la cama para que lo mate. Cuando los mensajeros entraron, encontraron la estatua en la cama, y una almohada de pelo de cabra a su cabecera. Entonces Saúl dijo a Mical: ¿Por qué me has

engañado así y has dejado escapar a mi enemigo? Mical respondió a Saúl: Porque él me dijo: Déjame ir; si no, yo te mataré".

Ahora, cuando Saúl se enteró de que le habían engañado, pidió explicaciones a su hija. Ella le aplacó diciéndole que David la había amenazado con matarla si no le hubiera ayudado. Leamos ahora, el versículo 18:

"Huyó, pues, David, y se puso a salvo. Se fue adonde estaba Samuel en Ramá, y le contó todo lo que Saúl había hecho con él. Después, él y Samuel se fueron a habitar en Naiot".

Considerando que Samuel había ungido a David como rey; su propia vida también estaba en peligro. Como Saúl estaba abiertamente tratando de matar a David, David se convirtió así, en un hombre constantemente perseguido. Ahora, ¿Cuál sería el futuro para David en aquellos momentos? Andaría como un fugitivo hasta la muerte de Saúl.

Los versículos 19 al 24 describen los intentos de Saúl por traer a David, una vez que le hubo localizado en Naiot de Ramá. Los mensajeros enviados por el rey, profetizaron al encontrarse con el profeta Samuel y no pudieron cumplir su cometido de traer a David. Finalmente, fue el mismo Saúl quien se dirigió hacia allí y entonces el espíritu de Dios se apoderó de él y acabó profetizando él también

Y así concluye nuestro estudio de este capítulo 19 del primer libro de Samuel.

1 Samuel 20:1

En el primer párrafo de este capítulo 20, veremos que

Jonatán ayudó a David a escapar

Saúl sabía que su hija Mical le había engañado en cuanto a David, y que Jonatán y David eran buenos amigos. Por eso, Jonatán tenía que ser prudente, manteniendo en secreto sus comunicaciones con David. Es por eso que se decidiría a comunicarse con David mediante el lanzamiento de saetas, en un lugar descampado. Leamos el primer versículo de este capítulo 20 del primer libro de Samuel:

"Después huyó David de Naiot de Ramá, y fue a decirle a Jonatán: ¿Qué he hecho yo? ¿Cuál es mi maldad, o cuál mi pecado contra tu padre, para que busque mi muerte?"

David preguntó: "¿Qué he hecho yo?" Nunca había hecho nada en contra de Saúl. El hecho es que realmente le había ayudado. Pero Saúl nunca se comportó como rey. Dios sabía que no era un rey, ni tampoco era el hombre que Él había elegido. El pueblo había querido tener un rey y desearon que Saúl fuera aquel rey. Sucedió lo mismo que en los tiempos de Moisés, cuando se encontraban todos en el desierto. Recordemos ese incidente. Los israelitas se habían quejado de la dieta que Dios les había provisto y pidieron carne. Dios les dio lo que pidieron: les dio codornices en abundancia. Pero fue evidente que no estaban confiando en Dios. Si hubieran confiado en el Señor, habrían estado satisfechos con el maná y no habrían clamado por carne; y habrían entonces disfrutado de alegría y paz en sus vidas. Pero al final, Dios les castigó por su rebeldía e incredulidad.

Muchos cristianos hoy en día pretenden adelantarse a los planes del Señor. Le piden esto, aquello, y lo otro. No están dispuestos a permanecer en calma y en una actitud espiritual, permitiendo que Dios obre en sus vidas y les provea lo necesario. Muchas veces Él nos concede nuestras peticiones, y nos sorprendemos agradablemente cuando Él contesta nuestras oraciones, pero el resultado no es siempre satisfactorio. A veces le pedimos algo e insistimos tanto, que al fin Dios nos concede nuestra petición; pero a veces ocurre que después que lo hemos recibido, nos damos cuenta de que es lo peor que nos podía haber sucedido, y permanecemos insatisfechos. Y eso fue lo que ocurrió en cuanto a los hijos de Israel, con su gran insistencia por tener un rey. Nunca debieron haber tenido a Saúl por rey. Saúl ciertamente fue causa de muchos problemas; y aquí vemos que David estaba perplejo. No podía comprender por qué Saúl le perseguía con tanto rencor y crueldad.

En otras ocasiones hemos resaltado el poder transformador de Dios, convirtiendo a quienes han confiado en Jesucristo en nuevas personas. Como contraste, en este programa hemos visto el poder transformador del enemigo de Dios, dominando, esclavizando a un rey, convirtiéndole en un soberano insatisfecho que gobernó a un pueblo insatisfecho e insaciable, en un ser dominado por la envidia, en un asesino que con fría premeditación intentaba acercarse a su víctima indefensa y pacífica, utilizando para ello incluso a su propia familia. Dios había permitido que un espíritu malo pusiera en evidencia los verdaderos sentimientos que había en su corazón. Y, como aquel rey, todos aquellos que son hoy esclavos del pecado, son personas desdichadas. Están condenadas a dejarse arrastrar por las peores pasiones y no pueden liberarse de esa situación por sí mismas. Por todo ello, Estimado lector, queremos dejarle hoy una palabra de esperanza. Es posible romper ese círculo vicioso y trágico. Es posible alcanzar la verdadera libertad. La solución no se encuentra precisamente en el sistema que, o bien se opone a Dios o pretende que le ignora, alegando que desconoce su existencia. La respuesta, la solución, está expresada en el pasaje bíblico de Juan 8:34 y 35 cuando, hablando ante judíos que le dijeron con orgullo, pero faltando a la verdad; "jamás hemos sido esclavos de nadie", Jesús les respondió: "Todo aquel que practica el pecado, esclavo es del pecado. . . Así que, si el Hijo os liberta, seréis verdaderamente libres". Estimado lector, ¿no cree usted que merece la pena aceptar este ofrecimiento del Hijo de Dios?

1 Samuel 20:2-21:8

En el capítulo anterior comenzamos a estudiar el capítulo 20 del primer libro de Samuel. Y en el versículo 1 de este capítulo, vimos cómo David preguntó a Jonatán, "¿Qué he hecho yo?" Porque nunca había hecho nada contra Saúl. Por el contrario, le había ayudado. Pero Saúl nunca se comportó como un rey. Dios sabía que no era un rey y tampoco era el hombre que Él había escogido. El pueblo había querido tener un rey y quisieron que Saúl fuera ese rey. Dios les dio lo que pidieron, pero como en los tiempos de Moisés, castigó su rebeldía. Recordemos que en el desierto los hijos de Israel se quejaron de la dieta que Dios les había provisto y exigieron comer carne. De modo que Él les envió codornices en abundancia, les dio lo que pidieron, pero fue evidente que, en su descontento permanente, no estaban confiando en Dios. Si hubieran confiado en el Señor, habrían estado satisfechos del maná y en lo que Dios les proveyese, disfrutando de gozo y paz en sus vidas. Señalamos el hecho de que muchos cristianos hoy en día pretenden anticiparse a los planes de Dios. Le piden esto, aquello y lo otro y no están dispuestos a esperar confiadamente, dejando que Dios actúe en sus vidas, y les envíe sus bendiciones. Muchas veces Dios nos concede nuestras peticiones y nos sorprendemos por la forma en que ha contestado la oración. Pero la verdad es que a veces, después de haber pedido algo con mucha insistencia, al fin Él nos concede nuestra petición, aunque en algunos casos ocurre que lo que hemos recibido no resulta bueno para nosotros y, en consecuencia, permanecemos insatisfechos. En el caso de los israelitas, ellos nunca debieron haber tenido a Saúl por Rey, porque fue causa de muchos problemas. Aquí vemos que David estaba perplejo. No podía comprender el motivo por el cual que Saúl le perseguía. Y Continuamos leyendo el versículo 2 de este capítulo 20 del primer libro de Samuel:

"Él le dijo: De ninguna manera; no morirás. Mi padre no hace ninguna cosa, ni grande ni pequeña, que no me la descubra; ¿por qué, pues, me ha de ocultar mi padre este asunto? No será así".

Jonatán le dijo a David que si su padre tomaba medidas para matarlo, él se enteraría y se lo comunicaría a David. Y leemos en el versículo 3:

"David volvió a jurar, diciendo: Tu padre sabe claramente que yo he hallado gracia delante de tus ojos, y dirá: Que Jonatán no sepa esto, para que no se entristezca. Pero, ¡vive el Señor y vive tu alma!, que apenas estoy a un paso de la muerte".

¡Qué declaración! Y no sólo era así en el tiempo de David, Estimado lector, sino que también es así en la actualidad. Sea que viajemos por un medio u otro y ante cualquier circunstancia que tengamos que vivir, usted y yo siempre estamos a solo un paso de la muerte. Hay solo la brevedad de un latido de corazón entre usted y la muerte, que puede llegar en cualquier momento. Es por eso que debemos estar preparados para pasar a la eternidad y a la presencia de Dios. ¡Cuántos son los que han hecho sus arreglos para esta vida, pero que nunca se han preparado para la próxima vida! ¿Es usted Estimado lector, uno de aquellos que confía en Cristo Jesús como su Salvador personal? Si usted muriera en este momento, ¿partiría usted para estar con el Señor? No aplace usted más el paso de aceptar a Cristo Jesús como su Salvador y Señor.

Volviendo ahora a nuestro estudio, leamos el versículo 4 de este capítulo 20 del primer libro de Samuel:

"Jonatán dijo a David: Haré por ti lo que desee tu alma".

Jonatán fue un verdadero amigo para con David. Es maravilloso tener un amigo como Jonatán. En el libro de los Proverbios, capítulo 18, versículo 24 leemos: "El hombre que tiene amigos ha de mostrarse amistoso; y amigos hay más unidos que un hermano". Un hermano, Estimado lector, puede abandonarle a uno algunas veces, pero un verdadero amigo nunca le abandonará. Se nos dice que un amigo o amiga, es como un hermano o hermana en tiempo de angustia. Una persona nos demuestra mejor su amistad cuando nos hallamos en dificultades. Cuando David se encontró en esa situación, Jonatán demostró que era su amigo y que estaba dispuesto a hacer cualquier cosa para proteger a David. Y David respondió a Jonatán aquí en el versículo 5:

"David respondió a Jonatán: Mañana será la luna nueva, y yo acostumbro sentarme con el rey a comer; pero tú dejarás que me esconda en el campo hasta pasado mañana por la tarde".

Se suponía que David tenía que estar en el palacio a la hora de comer, pero tenía miedo de ir. Ye dijo a Jonatán que pensaba desaparecer por tres días. Y continuó diciendo aquí en los versículos 6 y 7:

"Si tu padre hace mención de mí, dirás: Me rogó mucho que lo dejara ir corriendo a Belén, su ciudad, porque todos los de su familia celebran allá el sacrificio anual. Si él dijera: Está bien, entonces tendrá paz tu siervo; pero si se enoja, sabrás que por su parte está decretada mi perdición".

Así, pues, pensaba David enterarse de los verdaderos sentimientos de Saúl. Y proseguimos leyendo aquí en los versículos 8 hasta el 17 de este capítulo 20 del primer libro de Samuel:

"Harás, pues, misericordia con tu siervo, ya que has hecho a tu siervo contraer un pacto contigo ante Jehová; si hay maldad en mí, mátame tú, pues no hay necesidad de llevarme hasta tu padre. Jonatán le dijo: Nunca te suceda tal cosa; antes bien, si me entero que mi padre ha determinado hacerte mal, ¿no te lo avisaría yo? Dijo entonces David a Jonatán: ¿Quién me avisará si tu padre te responde ásperamente? Jonatán dijo a David: Ven, salgamos al campo. Y salieron ambos al campo. Entonces dijo Jonatán a David: ¡Señor, Dios de Israel, sea testigo! Cuando le haya preguntado a mi padre mañana a esta hora, o pasado mañana, si todo

marcha bien para con David, entonces te lo haré saber. Pero si mi padre intenta hacerte mal, traiga el Señor sobre Jonatán el peor de los castigos, si no te lo hago saber para que te vayas en paz. Que el Señor esté contigo como estuvo con mi padre. Si para entonces estoy vivo, usa conmigo la misericordia del Señor, para que no muera, y nunca apartes tu misericordia de mi casa. Cuando el Señor haya eliminado uno por uno a los enemigos de David de la faz de la tierra, no dejes que el nombre de Jonatán sea quitado de la casa de David. Así hizo Jonatán un pacto con la casa de David, diciendo: Demándelo el Señor de manos de los enemigos de David. Y Jonatán hizo jurar a David otra vez, porque lo amaba, lo amaba como a sí mismo".

Jonatán se dio cuenta que David, su cuñado, probablemente sucedería a Saúl en el trono. Por tanto, le pidió que cuando llegara al poder, su propia relación con la casa de David no fuera olvidada. Y se hicieron planes a fin de que estos dos amigos pudieran comunicarse. Jonatán sabía que estaba bajo observación para ver si se comunicaba con David, y por tanto tenía que tener mucho cuidado. El plan requirió que Jonatán saliera a tirar saetas. No despertaría ninguna sospecha que él saliera muchas veces para practicar el tiro al arco, porque Jonatán era guerrero. David por su parte, estaría escondido en el campo. Jonatán saldría al campo con su criado y tiraría una flecha. Si tiraba la saeta mucho más allá de David, esto significaría que las intenciones de Saúl eran malas en cuanto a David y que David debía huir. Pero si tiraba la saeta más cerca de David, sabría entonces que todo estaba bien y que podría regresar con seguridad. Los versículos 24 al 34 nos relatan la triste y acalorada discusión que tuvo lugar en el palacio, entre Saúl y Jonatán.

Al tercer día Jonatán salió al campo para tirar las saetas. No había manera alguna de que Saúl supiera que su hijo estaba por entregarle un mensaje a David. Las noticias en cuanto a Saúl, no eran favorables en manera alguna. Saúl había puesto en claro el hecho de que quería a toda costa matar a David. Así que Jonatán arrojó la flecha para que fuese a caer más allá de David, lo cual significaba que éste debía huir. Jonatán entonces dio instrucciones a su criado para que recogiera las flechas que había arrojado y regresase a la ciudad. Cuando el criado se fue, David y Jonatán se encontraron y hablaron. Leamos ahora el versículo 42:

"Jonatán dijo entonces a David: Vete en paz, porque ambos hemos jurado en nombre del Señor, diciendo: Que el Señor esté entre tú y yo, entre tu descendencia y mi descendencia, para siempre. Se levantó David y se fue; y Jonatán volvió a la ciudad".

De aquel momento en adelante la vida de David estaría en peligro, por lo cual tendría que huir. Pero lo interesante fue el pacto que los dos amigos hicieron. Veremos más adelante que Jonatán cumplió su parte del pacto. Fue un fiel y verdadero amigo a David hasta el fin de su vida. David también fue fiel a su amistad con Jonatán y con sus descendientes.

Más tarde veremos que los filisteos matarían a Saúl y a Jonatán, y que David llegaría al trono. Ahora, lo apropiado y seguro para él habría sido exterminar a todo miembro de la casa de Saúl. Eso quería decir que si Jonatán tuviera un hijo, habría sido matado también. Y el hecho es que Jonatán tendría un hijo. Lo vamos a conocer más adelante en esta historia. Su nombre sería Mefi-boset y sufriría de cojera. Ahora, cuando Saúl y Jonatán murieran, un siervo llevaría al muchacho y lo escondería. Pero veremos que David cumpliría lo que había prometido a Jonatán. David encontraría al muchacho, lo llevaría al palacio, le haría sentar en su mesa; le daría de comer, y le cuidaría. ¿Por qué? Porque cumpliría el pacto que había hecho con Jonatán, en aquella ocasión en que su amigo le mostró su lealtad y misericordia.

Más adelante tendremos ocasión para entrar con más detalle en este tema. Pero por ahora permítanos dirigir su atención al maravilloso significado de esta historia. David mostró bondad a Mefi-boset por causa de Jonatán. Dios, Estimado lector, ha mostrado bondad para con usted y para conmigo, por el Señor Jesucristo. No es debido a quiénes seamos ni a lo que hayamos hecho, que Él nos ha salvado. Nuestra salvación es una realidad por ser Cristo quien es y por lo que Él ha hecho por nosotros. Dijo el Señor Jesucristo mismo, en el evangelio según San Juan, capítulo 3, versículo 16: "Porque de tal manera amó Dios al mundo, que ha dado a su Hijo unigénito, para que todo aquel que en él cree, no se pierda, sino que tenga vida eterna". Debido a que Su Hijo murió por nosotros, Dios extiende Su favor hacia nosotros, por Jesús.

Después que David y Jonatán hablaron, Jonatán regresó al palacio. Creemos que se sintió muy triste porque sabía que su padre estaba completamente decidido a matar a su amigo David. También sabía que tendría que vivir separado de su amigo, porque David tendría que huir tan lejos de Saúl como le fuera posible.

Y así concluimos nuestro estudio de este capítulo 20 del primer libro de Samuel.

1 Samuel 21:1-8

El tema general de los capítulos 21 y 22, se refiere a que David implicó a los sacerdotes y reunió a sus valientes soldados. Saúl, por su parte, mató a los sacerdotes de Dios. Y este capítulo 21, considerado en su totalidad, incluye los siguientes episodios: David huyó a Ahimelec, el sacerdote de Nob, y alimentó a sus hombres con el pan sagrado. Luego, David huyó a Aquis rey de Gat en el país de los filisteos. David tomó la espada de Goliat y simuló estar loco. Ahora, en el principio de este capítulo encontramos a David huyendo para salvar su vida. Leamos el primer versículo de este capítulo 21 del primer libro de Samuel, para ver como

David implicó a los sacerdotes

"Vino David a Nob, adonde estaba el sacerdote Ahimelec; este salió a su encuentro, sorprendido, y le preguntó: ¿Por qué estás tú solo, sin nadie que te acompañe?"

David se sintió muy solo al huir de Saúl. Ahora, David tenía consigo a sus acompañantes que le servían, y por lo tanto, no estaba totalmente solo en aquel sentido. Se sentía solo en el sentido en que ninguno de los seguidores de Saúl estaba con él. Y respondió entonces David al sacerdote Ahimelec, aquí en los versículos 2 al 4:

"Respondió David al sacerdote Ahimelec: El rey me encomendó un asunto, y me dijo: Nadie sepa cosa alguna del asunto a que te envío, y de lo que te he encomendado. He citado a los criados en cierto lugar. Ahora, pues, ¿qué tienes a mano? Dame cinco panes, o lo que tengas. El sacerdote respondió a David y dijo: No tengo pan común a la mano, solamente tengo pan sagrado; pero lo daré si es que los criados se han guardado al menos de tratos con mujeres".

El pensamiento de esta porción de la Escritura es simplemente, que el único pan que el sacerdote tenía era pan consagrado, y no debía ser comido sino solo por el sacerdote, y eso solamente durante ciertas horas. Solo estaba permitido comerlo durante el cambio del pan cada día de reposo. Y David respondió al sacerdote y le dijo, aquí en los versículos 5 y 6:

"David respondió al sacerdote: En verdad las mujeres han estado lejos de nosotros ayer y anteayer; cuando yo salí, ya los cuerpos de los jóvenes estaban puros, aunque el viaje es profano; ¿cuánto más no serán puros hoy sus cuerpos? Así que el sacerdote le dio el pan sagrado, porque allí no había otro pan sino los panes que se consagran al Señor, los cuales habían sido retirados de la presencia del Señor, para colocar panes calientes el día que tocaba retirarlos".

Aunque Israel tenía su religión que le había sido dada por Dios, y este pan había sido consagrado para fines religiosos, estaban allí presentes algunos hambrientos que necesitaban comida. Ese pan habría llegado a ser común si no se hubiera podido usar para alimentar a quienes tuvieran hambre. Eso es lo que David estaba diciendo.

Al dar este pan a David y a sus hombres, el sacerdote estaba quebrantando la letra de la Ley, pero no el espíritu de la Ley. Recordemos que los fariseos desafiaron al Señor Jesucristo en cuanto a la violación de la ley, la cual Él jamás violó. El Señor refutó sus acusaciones refiriéndose a este incidente en la vida de David, en el capítulo 2 del evangelio según San Marcos, versículos 23 al 28, leemos: "Aconteció que al pasar él por los sembrados un día de reposo, sus discípulos, mientras andaban, comenzaron a arrancar espigas. Entonces los fariseos le dijeron: Mira, ¿por qué hacen en el día de reposo lo que no es lícito? Pero él les dijo: ¿Nunca leísteis lo que hizo David cuando tuvo necesidad, y sintió hambre, él y los que con él estaban; cómo entró en la casa de Dios, siendo Abiatar sumo sacerdote, y comió los panes de la proposición (o consagrados), de los cuales no es lícito comer sino a los sacerdotes, y aun dio a los que con él estaban? También les dijo: El sábado o día de reposo fue hecho por causa del hombre, y no el hombre por causa del día de reposo. Por tanto, el Hijo del Hombre es Señor aun del día de reposo".

Lo que el Señor estaba diciendo era: "Si le fue posible a David hacerlo y estuvo bien, aquí hay Uno Mayor que David, y que también puede hacer lo mismo". David comió el pan sagrado porque tenía necesidad. Cristo estaba diciendo que la necesidad humana sustituía todos los ritos y leyes ceremoniales. Volviendo al capítulo 21 del primer libro de Samuel, leamos ahora el versículo 7:

> *"Y estaba allí aquel día, detenido delante del Señor, uno de los siervos de Saúl, cuyo nombre era Doeg, el edomita, el principal de los pastores de Saúl".*

Entre la multitud aquel día en el tabernáculo había uno que sería como Judas Iscariote. Su nombre era Doeg y era edomita. Estaba al servicio de Saúl, y veremos que más adelante traicionaría a David y al sumo sacerdote. David tuvo mucho que decir en cuanto a este hombre en el Salmo 52. Continuemos leyendo el versículo 8, de este capítulo 21 de 1 Samuel:

> *"David dijo a Ahimelec: ¿No tienes aquí a mano una lanza o una espada? Porque no he traído ni mi espada ni mis armas, por cuanto la orden del rey era apremiante".*

Ahora, quisiéramos dirigir su atención hacia algo que es importante aquí en este versículo 8, de este capítulo 21 que acabamos de leer. Se relaciona con la manera en que las Escrituras pueden ser citadas incorrectamente. Hemos oído decir a veces que ciertas cosas tienen que hacerse para el Señor rápidamente, porque los asuntos del rey requieren prisa o urgencia. En primer lugar, David no tenía ni espada ni lanza, debido a que había tenido que huir con prisa. David tampoco se hallaba aquí cumpliendo una misión para su rey. Sin embargo, esta frase se cita muchas veces para justificar ciertas actitudes de pretender llevar a cabo con urgencia y precipitación ciertos asuntos en el Reino de Dios, sin separar siquiera un período de tiempo para buscar la dirección divina al respecto.

Ahora, ¿se ha fijado usted alguna vez en la paciencia con que actúa Dios? Actuaría de aquella manera en la vida de David. Ahora veremos que David sería entrenado en cuanto a esto, en las cuevas de la tierra. Ése fue el método de Dios. En este sentido, Estimado lector, Dios no tiene prisa. Moisés tenía prisa y quería liberar a los hijos de Israel unos cuarenta años antes de lo que Dios había considerado oportuno.

Pero la verdad era que Moisés tampoco estaba listo. Por lo tanto, Dios le colocó en el desierto y lo educó durante cuarenta años hasta que estuviera preparado para ejecutar la misión que Él le encomendaría. Y cabe destacar que Dios mismo envió a Su Hijo al mundo treinta y tres años antes de que fuese la cruz. Si hay algo que caracteriza la forma de obrar de Dios no es la prisa, el apresuramiento sino el hecho de que Dios trabaja lenta y pacientemente, abarcando ciertos factores que con frecuencia desconocemos. Pero, ¡cuán impacientes nos ponemos a veces! Yo mismo, Estimado lector, estoy procurando aprender el arte de esperar en el Señor. Eso es algo que todos necesitamos aprender. Y David también necesitaba aprender la lección de la paciencia. A través de los siglos, Dios ha tenido que educar de esta manera a las personas que le han servido. Y, como ya hemos indicado, Dios se mueve y actúa a un ritmo diferente al nuestro. Si usted quiere ver un ejemplo de cómo Él trabaja, considere el tiempo que lleva fabricar un diamante, o cuánto tiempo le lleva crecer y desarrollarse a un árbol secuoya, conocido por sus grandes dimensiones y majestuoso porte. Por lo tanto, la obra de Dios no requiere esa actitud de apresuramiento y precipitación, con las que muchos actúan impulsados por su activismo impaciente. Ése no es el método de Dios. Estimado lector, cuando usted recibe al Señor Jesucristo como su Salvador, Su Espíritu Santo viene a morar en usted; y por medio de Su Espíritu, el comienza a actuar en su vida. Su acción constituye un proceso que lleva su tiempo, pero el Creador es como un gran artesano que va transformando a las personas a Su semejanza. Como bien dijo San Pablo en Filipenses 1:6: "el que comenzó a hacer en vosotros su buena obra, la irá llevando a fin mientras llega el día en que Jesucristo regrese".

1 Samuel 21:9-22:23

Continuamos nuestro estudio del capítulo 21 del primer libro de Samuel. En el capítulo anterior, nos detuvimos cuando David le preguntó al sacerdote Ahimelec, en el versículo 8, si tenía lanza o espada, porque él no había llevado su espada ni sus armas porque, según dijo él, la orden del rey era apremiante. Y señalamos el hecho de que en muchas ocasiones las Escrituras pueden ser citadas incorrectamente. Muchos, por ejemplo, en base a esa frase, dicen que hay ciertas cosas en la obra del Señor que tienen que hacerse rápidamente porque la orden o los asuntos del rey son apremiantes o urgentes. Pero dijimos, que en primer lugar, David no tenía ni espada ni lanza, debido a que había tenido que huir de prisa. Además, tampoco se encontraba allí en una misión del rey. Por otra parte, mostramos la paciencia con que obra Dios. Y dijimos que Dios obraría de esa manera en la vida de David. Veremos que David pasaría por un proceso de formación en su huida y cuando se tuvo que refugiar en las cuevas. Ése es el método de Dios. Dios, Estimado lector, no tiene prisa y se toma Su tiempo para preparar a sus siervos. Moisés tenía prisa porque quería liberar a los hijos de Israel unos 40 años antes de lo que Dios había planeado. Pero la verdad era que Moisés no estaba preparado para su misión. Dios tuvo que colocarle en el desierto y educarle por 40 años, hasta que estuviera listo. Dios obra lenta y pacientemente, tal como le vemos desde un punto de vista humano, porque en el cumplimiento de Sus propósitos abarca factores que, con frecuencia desconocemos. Pero, cuán impacientes nos ponemos. La paciencia pues, es algo que todos necesitamos aprender, y David también necesitaba aprenderla. Dios ha tenido que educar así a Sus hijos. Dios ha tenido que enseñar paciencia a cada uno de las personas que ha usado. Destacamos también que Dios envió a Su Hijo al mundo 33 años antes de Su victoria en la cruz. David pues, estaba diciendo algo en este capítulo que bajo las circunstancias reveladas, no es aplicable a la obra del Señor. David no estaba cumpliendo ninguna misión para el rey. Continuemos hoy leyendo el versículo 9 de este capítulo 21 del primer libro de Samuel:

"El sacerdote respondió: La espada de Goliat el filisteo, al que tú venciste en el valle de Ela, está aquí envuelta en un velo detrás del efod; si quieres tomarla, tómala; porque aquí no hay otra sino esa. David respondió: Ninguna como ella; dámela".

Es interesante notar aquí que unos años antes, a David le fue posible usar solamente una honda para matar a Goliat; pero había estado en el palacio del rey por mucho tiempo y parece que había perdido su habilidad con la honda. Ahora necesitaba una espada, y entonces usaría la espada de Goliat ya que estaba disponible. Leamos ahora el versículo 10:

"Se levantó David aquel día, y huyendo de la presencia de Saúl, se fue a Aquis, rey de Gat".

David se alejó de Saúl tanto como pudo, y fue a Aquis. Cuando llegó allí, entre aquellos extranjeros, descubrió que estaba en peligro. Eran enemigos de Israel; así que David tuvo que fingir que era un loco, como nos relatan los versículos 11 al 15. La simulación de David, pues, tuvo éxito, porque el rey de Aquis se la creyó. Y en esa forma pudo escapar al peligro que le acechaba.

Y así concluimos nuestro estudio de este capítulo 21 del primer libro de Samuel. Y entramos ahora a...

1 Samuel 22:1-23

Este capítulo comienza un período de la vida de David en el cual él tuvo que esconderse en cuevas. Estaba aprendiendo que los asuntos del reino no requerían un proceder apresurado. Dios le estaba preparando así como había también entrenado a otros. Durante esos años en que tuvo vivir escondido de la presencia de Saúl, que procuraba matarle, fue perseguido y acosado de un lugar a otro. Se vio obligado a refugiarse en bosques y cavernas para escapar a la ira del rey. Durante ese período, David se describió a sí mismo de las siguientes maneras. Dijo en el capítulo 26 de este primer libro de Samuel, en el versículo 20: "me persiguen cual perdiz". En el Salmo 102, versículo 6 dijo: "soy semejante al pelícano del desierto". En el mismo versículo dijo, "Soy como el búho de las soledades". También en el Salmo 57, versículo 4 dijo: "Mi vida está entre leones". Y más adelante, en el versículo 6 del mismo Salmo 57, dijo: "red han armado a mis pasos".

En este capítulo, considerado en su totalidad, ocurrieron los siguientes eventos: David reunió a sus valientes. Encomendó a sus padres al rey de Moab. Doeg, acusó a Ahimelec. Saúl mandó matar a Ahimelec y a los otros sacerdotes, por haber ayudado a David y Doeg, ejecutó la orden. Pero Abiatar escapó y trajo las noticias a David.

Al comenzar a considerar este capítulo, diremos que tanto tiempo de huir constantemente de Saúl, había convertido a David en un hombre fatigado y desanimado. Cuando el cerco de Saúl se estrechó y la presión fue muy grande, se retiró a la cueva de Adulam, formación rocosa al suroeste de Jerusalén, situada en un valle entre Filistea y Hebrón. Leamos los versículos 1 y 2, que dan comienzo a un párrafo titulado

David reunió a sus valientes

> *"Partió David de allí y se refugió en la cueva de Adulam; cuando sus hermanos y toda la casa de su padre lo supieron, fueron allí a reunirse con él. Además se le unieron todos los afligidos, todos los que estaban endeudados y todos los que se hallaban en amargura de espíritu, y llegó a ser su jefe. Había con él como cuatrocientos hombres".*

Podemos hacer aquí una maravillosa comparación entre David y el descendiente más importante de David, el Señor Jesucristo, durante estos diez años del período de su rechazo. Podemos comparar este tiempo en la vida de David con el estado presente de nuestro Señor. Usted y yo, Estimado lector, vivimos en tiempos de rechazo a Jesucristo. El mundo ha rechazado a Cristo así como David fue rechazado y perseguido como si fuera animal. Su enemigo Saúl andaba buscándole y hoy, nuestro enemigo Satanás anda buscándonos a nosotros. El apóstol Pedro en su primera carta, capítulo 5, versículo 8, nos advirtió diciendo: "Sed sobrios, y velad; porque vuestro adversario el diablo, como león rugiente, anda alrededor buscando a quien devorar". David pudo decir que su vida estaba entre leones, y nosotros hoy podemos decir lo mismo. Es durante nuestra época cuando el Señor Jesucristo está llamando del mundo a un pueblo que invoque Su nombre. Está invitando a aquellos que se hallan en apuros, a los que pasan por momentos de acoso y presión a causa de sus deudas, y a aquellos que se encuentran descontentos.

Estas tres clases de personas existían en los tiempos de David. En cuanto al primer grupo de personas, diremos que había quienes se hallaban en apuros. Saúl les perseguía y les oprimía. Pasó mucho tiempo antes que David rompiera con Saúl, y había muchos que por un tiempo siguieron fieles a Saúl. Pero, por último, ellos también se vieron obligados a huir porque sus vidas estaban en peligro. Muchos huyeron hacia donde David estaba y se unieron a su grupo.

En cuanto a los tiempos en que vivimos, si usted, Estimado lector, ha sentido el azote del látigo de la injusticia en el mundo; si ha sufrido por la falta de equidad y se halla oprimido no sabiendo a dónde ir, le aconsejamos entonces que acuda al Señor Jesucristo. Muchos hoy tratan de encontrar una salida a sus dificultades y recurren a toda clase de supuestas panaceas. Algunos acuden a las drogas, otros al alcohol, y algunos al suicidio. Hay Uno que hoy mismo nos está llamando a todos. Él dijo en el evangelio según San Lucas capítulo 19, versículo 10: "Porque el Hijo del Hombre vino a buscar y a salvar lo que se había perdido". Dios, Estimado lector, quiere ayudarle. Él puede ayudarle. El escritor a los Hebreos nos dijo en el capítulo 2 de su carta, versículo 18: "Y como él mismo sufrió y fue puesto a prueba, ahora puede ayudar a quienes igualmente son puestos a prueba". Estimado lector, ¿está usted siendo tentado y probado? ¿Se halla usted en apuros? Usted necesita entonces un Salvador, y Él está hoy llamando a todos aquellos que están dispuestos a ir a Él en estos tiempos difíciles.

En cuanto al segundo grupo de personas, diremos que hubo otros que vinieron a David durante este tiempo de su rechazo y que se hallaban en la situación de deudores. La deuda es un cáncer que destruye, no importan las circunstancias. En aquel entonces, si un hombre era declarado deudor, podría perder su propiedad e incluso ser vendido a la esclavitud. Las personas necesitaban ser protegidos, pero no lo eran. Este rey, Saúl permitió que los hombres se convirtieran en esclavos. Es que no estaba aplicando la ley de Moisés. Puede ser que en su afán por cobrar impuestos, hasta hubiera contribuido a esta triste situación.

El pecado nos ha hecho deudores a Dios. ¿Recuerda usted la oración que Jesús enseñó a Sus discípulos, que comúnmente llamamos "El Padre Nuestro"? Hay una frase en ella que dice así: "Y perdónanos nuestras deudas". Estimado lector, sólo Dios nos puede perdonar. El perdón siempre se basa en el pago de una deuda, y en aquellos tiempos, aquellos que se hallaban en esta situación de deudores, tuvieron que huir. Ahora, David en verdad no pagó las deudas, pero Cristo sí las pagó. Pagó la deuda del pecado al morir en la cruz. Y así nos libró. Eso es lo que el Señor Jesucristo ha hecho por usted y por mí. Si usted es consciente que se halla hoy como deudor ante Dios y cree que no tiene medios para pagar, venga entonces a Él, al Señor Jesucristo, quien ya pagó la deuda por usted. En aquellos tiempos, las personas huían buscando un refugio en David. Pero hoy, usted puede huir y buscar un refugio en Jesucristo. ¡Qué maravilloso privilegio es ése!

Ahora, un tercer grupo, es decir, los descontentos también vinieron a David. Y esto quiere decir que estaban en amargura de espíritu. Las circunstancias y las experiencias de la vida los habían amargado. Permítanos decirle Estimado lector, que en los últimos años, hemos notado en todas partes sentimientos de inquietud. Parece que hay una tendencia evidente de descontento e insatisfacción, que se manifiesta de diversas maneras, dependiendo del país y las circunstancias específicas de cada nación. Estimado lector, hay experiencias de la vida que, con toda seguridad, le producirán amargura, a menos que usted vea la mano de un Dios actuando que tiene las circunstancias bajo Su control, así como José la vio, tal como vimos en los últimos capítulos del Génesis. Hay Alguien a quien usted puede acudir hoy. Él es el Señor Jesucristo, el rey rechazado. Jesús dijo en el evangelio según San Mateo, capítulo 11, versículo 28: "Venid a mí todos los que estáis trabajados y cargados, y yo os haré descansar". Y también dijo en el evangelio según San Juan, capítulo 7, versículo 37: "Si alguno tiene sed, venga a mí y beba".

Y así como en aquellos lejanos tiempos, David en el exilio recibió a aquellos cuatrocientos hombres que se encontraban oprimidos y en apuros, deudores, y descontentos, ¡qué imagen elocuente fue él de el Señor Jesucristo quien, en esta época de rechazo está llamando en el mundo a personas que encuentren refugio en Él! Permítanos preguntarle, ¿ha respondido usted a Su llamamiento?

Continuemos pues con nuestro relato leyendo los versículos 3 y 4 de este capítulo 22 del primer libro de Samuel:

"De allí se fue David a Mizpa de Moab, y dijo al rey de Moab: Te ruego que mi padre y mi madre se queden con vosotros, hasta que sepa lo que Dios hará de mí. Los trajo, pues, a la presencia del rey de Moab, y habitaron con él todo el tiempo que David estuvo en el lugar fuerte".

Los padres de David también salieron de Belén de Judá y fueron a Moab. Otra familia había hecho lo mismo. ¿Recuerda usted cuál familia fue esa? Un hombre llamado Elimelec llevó a su esposa Noemí, y sus dos hijos de su hogar en Belén de Judá, a Moab debido al hambre que había en la tierra de Israel. Así fue como Rut tuvo su entrada en la historia bíblica. El padre de David fue el nieto de Rut, la moabita, la cual fue indudablemente la razón por la que el rey de Moab concedió asilo a la pareja en la tierra de Moab. El simple hecho de que David salió de las tierras de Israel y se fue a Moab, significó que estaba realmente asustado. Creemos que no debería haber salido de Israel, porque Dios le habría protegido si se hubiese quedado allí. Parece que su fe titubeó un poco, como sucedió con la fe de de Abraham cuando, en tiempos también difíciles, se dirigió a Egipto. Pero continuemos con los versículos 5 hasta el 8 de este capítulo 22 del primer libro de Samuel, que preceden a un grave incidente en el cual

Saúl mató a los sacerdotes de Dios

Parecía que Saúl estaba desarrollando algunas tendencias paranoicas y tenía un complejo de persecución. Quizás era comprensible que tuviera este complejo porque había descubierto que su propio hijo no le había sido fiel. Y se preguntaba por qué estos hombres a su servicio no le habían revelado este hecho. Porque, al parecer, no se lo habían revelado. Sin embargo, había un hombre que sabía hacia dónde había huido David, y le dijo a Saúl lo que sabía. Ya le habíamos conocido antes. Estaba en el tabernáculo, cuando David y sus hombres comieron el pan sagrado. Pues, bien, escuchemos lo que dijo aquí en los versículos 9 y 10 de este capítulo 22 del primer libro de Samuel:

"Entonces Doeg, el edomita, que era el principal de los siervos de Saúl, respondió: Yo vi al hijo de Isaí venir a Nob, adonde estaba Ahimelec hijo

de Ahitob. Éste consultó al Señor por él, le dio provisiones y también la espada de Goliat, el filisteo".

Después de que Doeg le facilitó a Saúl esta información, Saúl decidió entonces castigar al sacerdote Ahimelec. Y veamos lo que ocurrió aquí en los versículos 11 hasta el 14 de este capítulo 22 del primer libro de Samuel:

"Mandó el rey a llamar al sacerdote Ahimelec hijo de Ahitob, y a toda la casa de su padre, los sacerdotes que estaban en Nob, y todos vinieron ante el rey. Y Saúl dijo: Oye ahora, hijo de Ahitob. Heme aquí, señor mío respondió él. Saúl añadió: ¿Por qué habéis conspirado contra mí, tú y el hijo de Isaí? Le diste pan y una espada, y consultaste a Dios por él, para que se subleve contra mí y me aceche, como lo hace en el día de hoy. Ahimelec respondió al rey: ¿Y quién entre todos tus siervos es tan fiel como David, que además es yerno del rey, sirve a tus órdenes y todos lo honran en tu propia casa?"

Saúl envió a buscar al sacerdote Ahimelec y a los otros sacerdotes que estaban en Nob. Y le preguntó a Ahimelec por qué había ayudado a escapar a David, y el sacerdote le dio al rey una contestación veraz. Había tenido los motivos más elevados para actuar así y no fue consciente de que David no había sido honesto con él. Más tarde, creemos que David sintió gran tristeza por haber engañado a Ahimelec cuando le había hecho creer que estaba cumpliendo una misión para Saúl. Continuemos leyendo los versículos 15 hasta el 17:

"¿Acaso he comenzado hoy a consultar a Dios por él? ¡No, lejos de mí! Que el rey no culpe de cosa alguna a su siervo, ni a toda la casa de mi padre; porque tu siervo ninguna cosa, grande ni pequeña, sabe de este asunto. Pero el rey respondió: Sin duda morirás, Ahimelec, tú y toda la casa de tu padre. Luego dijo el rey a la gente de su guardia que estaba a su lado: Volveos y matad a los sacerdotes del Señor; porque también la mano

de ellos está con David, pues sabiendo ellos que huía, no me lo hicieron saber".

Pero los siervos del rey no quisieron extender sus manos para matar a los sacerdotes del Señor.

Ahimelec fue muy sincero con el rey. Le dijo toda la verdad. Pero en su ira, Saúl no escuchó sus razones sino que ordenó a sus siervos que mataran a todos los sacerdotes; pero vemos que ellos no quisieron cumplir su orden. Pero el rey había llegado tan lejos en su rebelión y pecado que no se detendría ante nada. Entonces, le encargó a Doeg que le hiciera el trabajo sucio. Leamos el versículo 18:

"Entonces dijo el rey a Doeg: Vuélvete y arremete contra los sacerdotes. Y se volvió Doeg, el edomita, atacó a los sacerdotes y mató en aquel día a ochenta y cinco hombres que vestían efod de lino".

Éste fue un crimen gravísimo y terrible que Saúl cometió. Si Dios no le hubiera ya rechazado anteriormente, lo hubiera hecho en aquel mismo momento. Continuemos leyendo el versículo 19 de este capítulo 22 de 1 Samuel:

"Y a Nob, ciudad de los sacerdotes, la pasó Saúl a filo de espada: a hombres, mujeres y niños, hasta los de pecho, y bueyes, asnos y ovejas, todo lo hirió a filo de espada".

La amargura y la venganza de este hombre Saúl fue terrible. La amargura es algo de la cual debemos tener mucho cuidado. El escritor a los Hebreos en el capítulo 12 de su carta, versículo 15, nos advirtió al respecto diciendo: "Mirad bien, para que ninguno deje de alcanzar la gracia de Dios, y para que no brote ninguna raíz de amargura que os perturbe, y contamine a muchos". Cuando la amargura entra en los corazones de los hijos de Dios y toma posesión de la personalidad de alguien es algo feroz y terrible. Y eso es lo que sucedió aquí en el caso de Saúl. Él era definitivamente un hombre de Satanás. Es por eso que uno no puede estar demasiado seguro en cuanto a la salvación de personas, aunque incluso profesen ser creyentes y parezcan estar activas en la obra del Señor, cuando las vemos motivadas por un amargo rencor arraigado en su espíritu. En verdad, es difícil arrancar la cizaña, distinguiéndola del trigo en un tiempo como éste. Tal fue el caso aquí con Saúl. Leamos ahora los versículos finales, versículos 20 al 23 de este capítulo 22 del primer libro de Samuel:

> "Pero uno de los hijos de Ahimelec hijo de Ahitob, que se llamaba Abiatar, pudo escapar, y huyó tras David. Abiatar dio aviso a David de cómo Saúl había dado muerte a los sacerdotes del Señor. Y David le dijo: Ya sabía yo aquel día que estando allí Doeg, el edomita, él se lo haría saber a Saúl. He ocasionado la muerte a todas las personas de la casa de tu padre. Quédate conmigo, no temas; quien busque mi vida, buscará también la tuya; pero conmigo estarás a salvo".

David se sintió aquí culpable de la muerte de los sacerdotes, y decidió entonces concederle refugio a Abiatar, hijo de Ahimelec, el sacerdote que le había ayudado.

Otra vez el relato nos ha llevado a contemplar la tragedia de la vida de Saúl. Era un prisionero de esas pasiones que consumían su vida. Los celos, la envidia, el rencor le empujaban por una pendiente, por la cual se precipitaba, cada vez más velozmente, hacia un abismo. Y su odio nos deja con una sensación de impotencia y no solo por el sufrimiento que provocó en otros, sino por el daño que sufría él mismo. Es la misma sensación de impotencia, que sentimos hoy al ver la agresividad de muchos que se revuelven ferozmente, encadenados por sentimientos que no pueden controlar. Solo Jesucristo, que llevó sobre la cruz nuestros pecados y resucitó en victoria sobre la muerte y las fuerzas esclavizadoras del mal, puede poner remedio a esa situación sin salida. Recordemos que Jesucristo, en uno de Sus primeros mensajes, pronunciado precisamente en un centro religioso dijo que el Espíritu le había enviado a sanar a los quebrantados de corazón, y a pregonar libertad para los cautivos. Estimado lector, cualquiera sea su situación, el mensaje de Jesucristo es para usted, y el poder de Su Evangelio puede ser una realidad ahora mismo, si usted le deja entrar en su vida, y sanar toda herida, quebrantar todas las cadenas, y transformarle en un ser libre para amar a Dios y a sus semejantes.

1 Samuel 23:1-25:3

Continuamos estudiando el primer libro de Samuel y llegamos al capítulo 23, que nos revela la protección de Dios sobre David cuando se encontraba en el exilio. En este capítulo se relatan los siguientes eventos: David salvó a Keila. Dios reveló a David la venida de Saúl y la traición de los habitantes de Keila. David escapó a Zif. Saúl le persiguió y David residió en En-gadi. David continuó huyendo con 600 seguidores como veremos en el versículo 13. Jonatán se puso en contacto con David y reconoció el hecho de que David sería el próximo rey, en los versículos 16 y 17. Leamos los primeros 5 versículos de este capítulo 23 del primer libro de Samuel, que nos describen

La pelea de David contra los filisteos

"Dieron aviso a David diciendo: Los filisteos están combatiendo contra Keila y roban las eras. Entonces David consultó al Señor: ¿Iré a atacar a estos filisteos? El Señor respondió a David: Ve, ataca a los filisteos y libra a Keila. Pero los que estaban con David le dijeron: Mira, nosotros aquí en Judá estamos con miedo; ¿cuánto más si vamos a Keila contra el ejército de los filisteos? David volvió a consultar al Señor. Y el Señor le respondió: Levántate, desciende a Keila, pues yo entregaré en tus manos a los filisteos. Fue, pues, David con sus hombres a Keila y peleó contra los filisteos; se llevó sus ganados, les causó una gran derrota y libró David a los de Keila".

Vemos que David consultó al Señor antes de intentar liberar a Keila y el Señor le mandó a David que fuera y los hiriera. Los filisteos estaban robando el grano a los israelitas para tratar de lograr que se rindieran debido al hambre. Ahora, David actuó para proteger a esta gente, el pueblo de Dios, y sin embargo durante todo este tiempo continuó siendo un fugitivo de Saúl. Cuando Saúl se enteró de que David y sus hombres se encontraban en una ciudad amurallada, planeó capturarles. David consultó nuevamente al Señor sobre lo que debería hacer y el Señor le mandó que huyese de ese lugar, porque los hombres de Keila no le protegerían de Saúl, a pesar de que él les había liberado. Continuemos, pues, leyendo el versículo 13 de este capítulo 23 del primer libro de Samuel:

"Entonces David partió con sus hombres, que eran como seiscientos, salieron de Keila y anduvieron de un lugar a otro. Llegó a Saúl la noticia de que David se había escapado de Keila y desistió de salir".

Como usted ve, apreciado amigo, Saúl continuó su campaña de odio y persecución contra David. Y decidió ir hasta Keila para darle muerte. Pero Dios libró a David y él se escapó de Keila, lo cual hizo que Saúl desistiera de su viaje hacia esa ciudad. Y los hombres de David se dispersaron, no actuaron como un ejército organizado. Y continuamos leyendo los versículos 14 al 16, que relatan como

Saúl persiguió a David, y David y Jonatán hicieron un pacto

"David se quedó en el desierto, en lugares fuertes, y habitaba en un monte en el desierto de Zif. Lo buscaba Saúl todos los días, pero Dios no lo entregó en sus manos. Viendo, pues, David que Saúl había salido en busca de su vida, se quedó en Hores, en el desierto de Zif. Jonatán hijo de Saúl se levantó y vino adonde estaba David, en Hores, y lo reconfortó en Dios".

Observemos cuán fiel y verdadero amigo fue Jonatán para David, y todo lo que le dijo para animarle. Prosigamos con los versículos 17 y 18:

"diciéndole: No temas, pues no te hallará la mano de Saúl, mi padre; tú reinarás sobre Israel y yo seré tu segundo. Hasta mi padre Saúl lo sabe. Ambos hicieron un pacto delante del Señor; David se quedó en Hores y Jonatán se volvió a su casa".

Esencialmente, Jonatán le dijo a David que Saúl sabía lo que ocurriría pero que, de todas formas, continuaba oponiéndose. Por supuesto, Saúl iba contra la voluntad de Dios. Estaba en rebelión total contra Dios. Jonatán, sin embargo seguía dispuesto a cumplir la voluntad de Dios. Las acciones de Jonatán revelaban que era un gran hombre. Su actitud nos recuerda la de Juan el Bautista, que dijo en cuanto al Señor Jesucristo, en el evangelio según San Juan, capítulo 3, versículo 30: "Es necesario que Él crezca, y que yo disminuya". Y dice el versículo 19;

"Después subieron los de Zif para decirle a Saúl en Gabaa: ¿No está David escondido en nuestra tierra, en las peñas de Hores, en el collado de Haquila, que está al sur del desierto?"

Vemos que Saúl estaba dispuesto a encontrar a David y fue ayudado por los habitantes de Zif, que prometieron entregarle a David. Leamos entonces el versículo 26 de este capítulo 23 del primer libro de Samuel:

"Saúl iba por un lado del monte, y David con sus hombres por el otro lado del monte. Se daba prisa David para escapar de Saúl, pero Saúl y sus hombres habían rodeado a David y a su gente para capturarlos".

En este momento Saúl había rodeado a David y seguramente le habría capturado, si Saúl no hubiera sido llamado a su casa para luchar contra la invasión de los filisteos. Esta circunstancia revela como Dios coordinó los eventos humanos, lo cual salvó nuevamente la vida de David. Llegamos, pues, ahora al capítulo 24, en el cual veremos que

David perdonó la vida de Saúl en En-Gadi

En este capítulo también vemos a David huyendo, acosado permanentemente por Saúl. Creemos que este período de prueba en la vida de David transformó su carácter, de ser un inocente pastor de ovejas a convertirse en un hombre fuerte, un hombre de Dios que gobernaría sobre su pueblo. El capítulo incluye los siguientes eventos: David cortó la punta del manto de Saúl en una cueva en En-gadi, pero le salvó la vida. Con este acto, mostró su inocencia y que respetaba al que había sido ungido como rey de Israel. Saúl reconoció su falta y recibió un juramento de David, que su descendencia no sería exterminada. Leamos, pues, los primeros dos versículos de este capítulo 24 del primer libro de Samuel:

"Cuando Saúl volvió de perseguir a los filisteos, le avisaron: David está en el desierto de En-gadi. Tomó entonces Saúl tres mil hombres escogidos de todo Israel y salió en busca de David y de sus hombres por las cumbres de los peñascos de las cabras monteses".

David había ido a un lugar escabroso para esconderse. Saúl continuó buscándole con un ejército de tres mil hombres, mientras que David solo tenía seiscientos hombres. El ejército de Saúl superaba numéricamente y de forma abrumadora al ejército de David, pero David compensó este desequilibrio mediante el uso de la estrategia. También, conocía muy bien la región y sus hombres eran realmente duros y veteranos. Continuemos leyendo el versículo 3:

"Al llegar a un redil de ovejas junto al camino, donde había una cueva, entró Saúl en ella para hacer sus necesidades. En el fondo de la cueva estaban sentados David y sus hombres".

Saúl entró en la misma cueva donde David estaba escondido, y allí se durmió. Los hombres de Saúl se quedaron de guardia, claro, pero estaban fuera de la cueva y no dentro. De esa manera permitieron al rey estar solo a fin de que pudiera disfrutar de un sueño breve. Y así fue que se produjo esa curiosa situación: David y sus hombres y Saúl, estaban dentro de una misma cueva; y los soldados de Saúl se encontraban fuera. Y veamos lo que ocurrió aquí en el versículo 4:

> *"Los hombres de David le dijeron: Mira, este es el día que el Señor te anunció: Yo entrego a tu enemigo en tus manos, y harás con él como te parezca. David se levantó y, calladamente, cortó la orilla del manto de Saúl".*

David, silenciosamente se acercó al rey que dormía y cortó la parte inferior de su capa. El versículo 5 de este capítulo 24 de este primer libro de Samuel dice:

> *"Después de esto se turbó el corazón de David, porque había cortado la orilla del manto de Saúl".*

En seguida David lamentó su acción porque sabía que pondría a Saúl en una situación embarazosa. Y el versículo 6 dice:

> *"Y dijo a sus hombres: El Señor me guarde de hacer tal cosa contra mi señor, el ungido del Señor. ¡No extenderé mi mano contra él, porque es el ungido del Señor!"*

La actitud de David demostró que él respetaba el carácter divino del oficio del rey, aunque no tuviese la misma consideración por él como hombre.

O sea que aunque David estaba siendo perseguido por Saúl, no alzó su mano contra él. ¿Por qué? Porque reconocía que Saúl era el ungido de Dios. David iba a dejar que Dios se ocupara del rey. ¡Cuán bueno sería, Estimado lector, que nosotros estuviésemos dispuestos a dejar las cosas en las manos de Dios, permitiendo que el actúe en nuestros enemigos! Pero, por lo general, queremos ocuparnos nosotros mismos de ellos, aunque Dios puede tratar con ellos de una manera mucho mejor. El apóstol Pablo en su carta a los Romanos, capítulo 12, versículo 19, nos dijo: "No os venguéis vosotros mismos, amados míos, sino dejad lugar a la ira de Dios; porque escrito está: Mía es la venganza, yo pagaré, dice el Señor". Cuando tratamos de obtener justicia con nuestras propias manos, ya no estamos viviendo por la fe. Ya no estamos confiando en Dios. Y lo que en verdad estamos diciendo es: "Señor, no podemos confiar en que Tú vayas a actuar en este asunto, de la manera en que nosotros querríamos que fuese tratado; de modo que vamos a resolverlo nosotros mismos". David, sin embargo, dejaría que Dios mismo se ocupara de Saúl. Aunque David se sintió mal por haber cortado la punta del manto de Saúl. Su conciencia le inquietaba porque había convertido al rey en un objeto de burla. Le pondría en ridículo. Y observemos lo que hizo aquí en el versículo 7 de este capítulo 24 del primer libro de Samuel:

"Con estas palabras reprimió David a sus hombres y no les permitió que se abalanzaran contra Saúl. Y Saúl, saliendo de la cueva, siguió su camino".

Muchos de los hombres de David tenían en poco a Saúl, y le habrían dado muerte en un momento; pero David no les permitió hacerlo. Y el versículo 8 dice:

"También David se levantó después y, saliendo de la cueva, le gritó a Saúl: ¡Mi señor, el rey!"

Cuando Saúl miró hacia atrás, David se postró rostro en tierra, hizo una reverencia,

Veamos una vez más que, aunque quizás David no respetaba a Saúl como persona, sí respetaba el cargo que ocupaba. Avancemos con los versículos 9 y 10:

"y dijo a Saúl: ¿Por qué escuchas las palabras de los que dicen: Mira que David procura tu mal? Hoy han visto tus ojos cómo el Señor te ha puesto en mis manos en la cueva. Me dijeron que te matara, pero te perdoné,

pues me dije: No extenderé mi mano contra mi señor, porque es el ungido del Señor".

David había demostrado a Saúl que su propósito no era matarle. A Saúl le habían dicho, equivocadamente, que David lo buscaba para matarle; pero esa afirmación no podía estar más lejos de la verdad. Creemos que a David le entendieron mal, sus palabras fueron tergiversadas y que más aún, fue calumniado; y que tanto sus aparentes amigos como sus enemigos, difundieron falsedades en cuanto a él. Este acto público de misericordia de perdonar la vida de Saul tendría que haber dejado bien aclarado que David no pretendía matar a Saul. Y David continuó razonando con Saul, quien incluso llegó a llorar. Leamos los versículos 16 y 17:

"Aconteció que cuando David acabó de decir estas palabras a Saúl, éste exclamó: ¿No es esta tu voz, David, hijo mío? Alzando su voz, Saúl rompió a llorar, y dijo a David: Más justo eres tú que yo, que me has pagado con bien, habiéndote yo pagado con mal".

En este momento observemos la declaración de Saúl. Leamos el versículo 20:

"Ahora tengo por cierto que tú has de reinar, y que el reino de Israel se mantendrá firme y estable en tus manos".

¡Ésta fue una confesión asombrosa por parte de Saúl! Saúl reconoció que lo que David había dicho era verdad, y se sintió muy conmovido por que David le salvara la vida. Después, Saúl reconoció el hecho de que, un día, David sería el rey. Leamos ahora los versículos 21 y 22, versículos finales de este capítulo 24 de 1 Samuel:

"Ahora, pues, júrame por el Señor que no destruirás mi descendencia después de mí, ni borrarás mi nombre de la casa de mi padre. Así lo juró David a Saúl. Después se fue Saúl a su casa, mientras David y sus hombres subían al lugar fuerte".

Después de terminar su conversación con David, Saúl regresó a casa; pero David y sus hombres volvieron a su refugio. David todavía no se fiaba de Saúl y se alejó aún más hacia el desierto para esconderse, porque sabía que llegaría el día en que Saúl le acosaría nuevamente. Creemos que Saúl estaba realmente poseído por demonios en ese período. Recordemos la frase en que se dijo que un espíritu malo vino sobre él.

Y así concluimos nuestro estudio de este capítulo 24 del primer libro de Samuel.

1 Samuel 25:1-3

En este capítulo, encontramos ciertos eventos significativos. Samuel murió en su lugar de retiro. David se enojó con Nabal debido a su perversidad y fue impedido del acto precipitado de matarle a él y a sus siervos, por la prudencia y la diplomacia de Abigail, la bella esposa de Nabal. Nabal murió después de pasar una noche de embriaguez, y David se casó con Abigail. Ella ejercería una buena influencia sobre la vida de David. Comencemos, pues, leyendo el versículo 1 de este capítulo 25 del primer libro de Samuel, que nos relata

La muerte de Samuel

> *"Por entonces murió Samuel. Todo Israel se congregó para llorarlo y lo sepultaron en su casa, en Ramá. Entonces se levantó David y se fue al desierto de Parán".*

La Escritura fue muy breve al informar sobre su muerte. Simplemente dice que todos los israelitas se reunieron para llorar su muerte. Samuel había sido un gran hombre de Dios, eso fue indiscutible. Fue un personaje extraordinario. Sirvió de puente entre la época de los Jueces y el Reino. Fue el último de los jueces y el primero de los profetas. Ahora, claro que hubo muchos profetas antes de Samuel, pero Samuel representó un oficio que prosiguió ininterrumpidamente durante toda la época del Antiguo Testamento, hasta la venida de Juan el Bautista, quien a su vez representó la transición del Antiguo al Nuevo Testamento.

Samuel fue también una influencia para el bien, y fue alguien que impidió que Saúl descargase toda la fuerza de su odio y amargura sobre David. Samuel, pues, sirvió de amortiguador entre David y Saúl. Cuando Samuel murió, David huyó alejándose a una gran distancia, hacia el desierto. Huyó más lejos de Saúl que lo que Elías jamás huiría de Jezabel, como veremos al estudiar el primer libro de los Reyes. Volviendo a nuestro pasaje Bíblico, llegamos a un párrafo titulado

David y Abigail

Creemos que fue Emerson quien dijo: "Ser grande, es ser mal comprendido". Y esto ciertamente se aplicó aquí en cuanto a David. Él fue grande, pero fue mal comprendido. El mundo actual tampoco conoce a David, y por lo tanto, muchos le han juzgado mal. Cuando el nombre de David se menciona, en seguida uno se acuerda de sus pecados de asesinato y adulterio. Hay quienes se preguntan: "¿Cómo es posible que David cometiera tales pecados, y la Escritura todavía diga que David era un varón conforme al corazón de Dios?" Bueno, ya tendremos oportunidad de contestar esa pregunta. Pero en lugar de cuestionar la elección de Dios, debiéramos investigar el carácter de David. Él fue uno de los personajes más importantes de las Escrituras. Conocerle, es amarle. No conocemos a ningún hombre en la historia Bíblica que haya manifestado tal nobleza de carácter.

Es verdad que tuvo una carrera variada, con grandes altibajos. Nació en Belén, hijo de campesinos. Era hijo de Isaí, de la tribu de Judá. Se crió como un pastor, el menor entre sus hermanos que se destacaban por su aspecto atractivo. En su juventud parece que siempre lo pasaron por alto. Luego, un día su vida cambió. Dios no le había pasado por alto. Dios conocía su corazón.

Y, Estimado lector, esto nos revela que Dios no da importancia a las apariencias. Dios conocía el interior de David. Fue ungido rey por Samuel, y luego, mató al gigante Goliat. También era músico y como tal, fue llamado "el dulce cantor de Israel". Escribió obras poéticas más hermosas que jamás se hayan escrito o cantado en lenguaje alguno. Si usted tiene alguna duda al respecto, ¿conoce usted algo que pueda compararse con el Salmo 23, por ejemplo? Más adelante se casó con la princesa Mical, hija de Saúl. Fue también amado por Jonatán, hijo de Saúl. Jamás nadie ha tenido un amigo como Jonatán. Sin embargo, vimos que David se había convertido en un proscrito, que durante esa etapa reunió a su alrededor a una banda de hombres, y que vivía en refugios en las montañas. En una ocasión hasta tuvo que fingir que estaba loco, para proteger su vida. Más adelante veremos que, por fin, llegó a ser rey de Judá, y después, el rey de todo Israel. Veremos también que su propio hijo encabezó una rebelión contra él, y una vez más, se vio obligado a huir. Finalmente, David podría vivir hasta ver ungido como rey a su hijo Salomón. Leamos entonces los versículos 2 y 3 de este capítulo 25 de 1 Samuel:

"En Maón había un hombre que tenía su hacienda en Carmel. Era muy rico, tenía tres mil ovejas y mil cabras, y estaba esquilando sus ovejas en Carmel. Aquel hombre se llamaba Nabal, y su mujer, Abigail. Aquella mujer era de buen entendimiento y hermosa apariencia, pero el hombre era rudo y de mala conducta; era del linaje de Caleb".

Parece que no todos los descendientes de Caleb fueron buenas personas, como podemos ver por este hombre llamado Nabal, término que significa "necio", así que no debió ser un nombre propio sino más bien un apodo, asignado popularmente por su forma de ser. Era un hombre rico, pero sin honor ni honestidad, dominado por el alcohol. Pero tenía una mujer hermosa e inteligente. Surge la pregunta sobre cómo habrá conseguido un hombre como aquel una mujer de semejante nivel. Incluso un especialista Bíblico ha titulado la vida de

Nabal y Abigail como "La bella y la bestia" Quizás esa boda fue concertada por los padres de ambos, teniendo en cuenta la riqueza de aquel hombre.

Al repasar la vida de David, hemos visto que en el momento de su elección, Dios le había aclarado a Samuel, que Él miraba el corazón de las personas y, por tal motivo, elegiría a David. Dios veía y ve el interior de los seres humanos. Cuando Jesús estaba en la tierra, el Evangelista Juan nos contó que mientras Jesús estaba en Jerusalén, en la fiesta de la Pascua, muchos creyeron en Él al ver las señales milagrosas que hacía. Pero el escritor Bíblico nos aclaró que Jesús no confiaba en ellos, porque los conocía a todos. No necesitaba ser informado acerca de nadie, pues Él mismo conocía el corazón de cada uno.

Y así también hoy, más allá de las apariencias personales, de los actos piadosos, de las palabras elocuentes, de las obras piadosas, y de la participación en los ritos religiosos, Dios ve el corazón y percibe la gran necesidad espiritual del ser humano. Estimado lector, permita que esa mirada de Dios le contemple en su situación personal, penetrando hasta lo más profundo de su alma, y dirija usted su mirada de fe hacia Jesucristo, muriendo por usted y resucitando para que Su victoria sobre el pecado y la maldad, sea también su victoria.

1 Samuel 25:4-26:12

Continuamos estudiando el capítulo 25 del primer libro de Samuel, que comenzamos en el capítulo anterior. Y estuvimos haciendo una evaluación de David. Y dijimos que David fue uno de los hombres sobresalientes de las Escrituras. No conocemos a ningún hombre de la historia Bíblica que manifestase tal nobleza de carácter. Es verdad que tuvo una trayectoria con altibajos. Nació en Belén, hijo de campesinos; era hijo de Isaí, de la tribu de Judá. Se crió como pastor de ovejas, el menor entre sus hermanos. En su juventud, siempre lo pasaron por alto. Luego, un día su vida cambió. Dios no lo había pasado por alto. Dios conocía su corazón y esto nos dice, Estimado lector, que Dios no da importancia a las apariencias. Dios conocía el corazón de David. Fue ungido por rey por Samuel, y luego mató al gigante Goliat. También era músico y como tal, se le llamó "El dulce Cantor de Israel". Y escribió las obras poéticas más hermosas que jamás se hayan escrito o cantado en lenguaje alguno. ¿Conoce usted alguna obra que pueda compararse con el Salmo 23, por ejemplo? Más adelante, David se casó con la princesa Mical, hija de Saúl. Fue amado también por Jonatán, hijo de Saúl. Ningún hombre jamás ha tenido amigo como el que David tuvo en Jonatán. Sin embargo, hemos visto que David se había convertido en un proscrito, que reunió a su alrededor a una banda de hombres y que se refugiaba en las montañas. Más adelante, veremos que por fin llegó a ser el rey de Judá, y luego, el rey de todo Israel. Veremos también que su propio hijo encabezó una rebelión contra él. Y una vez más, fue obligado a huir. Por último, David pudo vivir hasta que vio ungido como rey, a su hijo Salomón.

Deseamos destacar en este capítulo, un episodio sencillo de su vida, que revela el lugar más íntimo de su alma. Es una historia en cuanto a David y Abigail, y revela en realidad cuán humano era David.

Parece que no todos los descendientes de Caleb fueron buenas personas, como podemos ver por este hombre llamado Nabal, término que significa "necio", así que no debió ser un nombre propio sino más bien un apodo, asignado popularmente por su forma de ser. Era un hombre rico, pero sin honor ni honestidad, dominado por el alcohol. Pero tenía una mujer hermosa e inteligente. Surge la pregunta sobre cómo habrá conseguido un hombre como aquel una mujer de semejante nivel. Incluso un especialista Bíblico ha titulado la vida de Nabal y Abigail como "La bella y la bestia" Quizás esa boda fue concertada por los padres de ambos, teniendo en cuenta la riqueza de aquel hombre.

Continuemos, pues, leyendo los versículos 4 y 5 de este capítulo 25 del primer libro de Samuel:

> *"Supo David en el desierto que Nabal esquilaba sus ovejas. Entonces envió David diez jóvenes y les dijo: Subid al Carmel e id a Nabal; saludadlo en mi nombre".*

David había estado protegiendo a Nabal. Disponía de un ejército bastante grande y aunque pudo haber robado a este hombre y llevarse sus ovejas para alimentarse, no lo hizo así. En cambio, protegió a las ovejas de Nabal, de los ladrones y los merodeadores. Hizo muchas cosas para ayudar a Nabal. En este momento, David necesitaba comida, y por tanto, envió a sus jóvenes y les instruyó para que hablaran con Nabal y le pidiesen ayuda, Continuemos leyendo los versículos 9 y 10:

> *"Los jóvenes enviados por David fueron y dijeron a Nabal todas estas cosas en nombre de David, y callaron. Pero Nabal respondió a los jóvenes*

enviados por David: ¿Quién es David, quién es el hijo de Isaí? Muchos siervos hay hoy que huyen de sus señores".

Nabal estaba diciendo que David había traicionado a Saúl, y que no era leal con él. Prosigamos con los versículos 11 al 13:

"¿He de tomar yo ahora mi pan, mi agua y la carne que he preparado para mis esquiladores, y darla a hombres que no sé de dónde son? Los jóvenes que había enviado David, dando media vuelta, tomaron el camino de regreso. Cuando llegaron a donde estaba David, le dijeron todas estas cosas. Entonces David dijo a sus hombres: Cíñase cada uno su espada. Cada uno se ciñó su espada y también David se ciñó la suya. Subieron tras David unos cuatrocientos hombres, y dejaron doscientos con el bagaje".

Alguien de la casa de Nabal se enteró de esto e informó a Abigail. Dice el versículo 14:

"Pero uno de los criados avisó a Abigail, mujer de Nabal, diciendo: Mira que David ha enviado mensajeros del desierto para saludar a nuestro amo, y él los ha despreciado".

Y continuó el criado diciéndole a Abigail, que esos hombres habían sido muy buenos con ellos y que nunca les habían tratado mal, ni nada les había faltado durante el tiempo que estuvieron con ellos. Ahora, cuando Abigail oyó lo que había pasado entre su esposo y los jóvenes de David, ella sabía lo que David haría. De modo que reunió una gran cantidad de comida. Y leemos aquí en los versículos 18 hasta el 20:

"Tomó Abigail a toda prisa doscientos panes, dos cueros de vino, cinco ovejas guisadas, cinco medidas de grano tostado, cien racimos de uvas pasas y doscientos panes de higos secos, y lo cargó todo sobre unos asnos. Luego dijo a sus criados: Id delante de mí, y yo os seguiré luego. Pero nada declaró a su marido Nabal. Montada en un asno, descendió por una

parte secreta del monte, mientras David y sus hombres venían en dirección a ella; y ella le salió al encuentro".

Abigail salió para encontrarse con David, con la comida en sus manos, antes que David llegara hasta Nabal, porque David estaba tan airado que habría matado a Nabal. Avancemos con el versículo 21:

"David había comentado: Ciertamente en vano he guardado en el desierto todo lo que este hombre tiene, sin que nada le haya faltado de todo cuanto es suyo; y él me ha devuelto mal por bien".

La intención de David era destruir todo lo que pertenecía a Nabal. Sigamos adelante con los versículos 23 y 24 de este capítulo 25 del primer libro de Samuel:

"Cuando Abigail vio a David, se bajó en seguida del asno; inclinándose ante David, se postró en tierra, y echándose a sus pies le dijo: ¡Que caiga sobre mí el pecado!, señor mío, pero te ruego que permitas que tu sierva hable a tus oídos, y escucha las palabras de tu sierva".

David, pues, vino cabalgando a todo galope, enardecido por la ira, y probablemente diciéndose: "Mataré a este tipo. No puede tratarme de esa manera". Luego miró por el camino y vio llegar una mujer montada sobre un asno. Vio toda la comida que traía. Sus hombres tenían hambre, y detuvo a su grupo ante esta hermosa mujer. Por primera vez, el ungido de Dios se hallaba cara a cara con una mujer noble que tenía buenas intenciones para con él. Ella se postró delante de David. Se presentó como la esposa de Nabal. Y se arrodilló allí mismo en el polvo y le pidió que David cumpliese su venganza sobre ella. Creemos que se portó sabiamente haciendo lo que hacía, porque David nunca le habría hecho daño a una hermosa mujer con una petición como la que le hizo ella. Luego, ella le pidió disculpas por el hecho de que su esposo era necio y bruto. Y continúa Abigail hablando en los versículos 25 al 28, y dijo:

"No haga caso ahora mi señor de ese hombre perverso, de Nabal; porque conforme a su nombre, así es. Él se llama Nabal, y la insensatez lo acompaña; pero yo, tu sierva, no vi a los jóvenes que tú enviaste. Ahora pues, señor mío, ¡vive el Señor, y vive tu alma!, que el Señor te ha impedido venir a derramar sangre y vengarte por tu propia mano. Sean, pues, como Nabal tus enemigos, y todos los que procuran el mal contra mi señor. En cuanto a este presente que tu sierva te ha traído, que sea dado a los hombres que siguen a mi señor. Te ruego que perdones a tu sierva esta ofensa; pues el Señor hará de cierto una casa perdurable a mi señor, por cuanto mi señor pelea las batallas del Señor, y no vendrá mal sobre ti en todos tus días".

Ahora, esto ocurría al principio de la carrera de David. La maldad entraría más tarde en su vida, pero hasta ese momento, la vida de David era limpia y pura. Hasta aquí, David había vivido para Dios y había tratado de agradar a Dios. Y Abigail reconoció esa realidad y le admiró por ello. Y continuó diciendo en el versículo 29:

"Aunque alguien se haya levantado para perseguirte y atentar contra tu vida, con todo, la vida de mi señor será atada al haz de los que viven delante del Señor tu Dios, mientras que él arrojará las vidas de tus enemigos como quien las tira con el cuenco de una honda".

Aunque no le mencionó por nombre, Abigail se refería aquí a Saúl como el que acosaba a David. Luego, ella dijo una de las cosas más notables en cuanto a David: "la vida de mi señor será atada al haz de los que viven delante del Señor tu Dios". Dicho en otras palabras, "Tu vida estará segura bajo la protección del Señor tu Dios". Y Estimado lector, ésa es exactamente la posición del creyente en Cristo Jesús.

El apóstol Juan en su primera carta llamó a Cristo, "la vida eterna". Dijo así, en su primera carta, capítulo 1, versículo 2: "pues la vida fue manifestada, y la hemos visto, y testificamos y os anunciamos la vida eterna, la cual estaba con el Padre, y se nos manifestó". Cuando usted y yo, Estimado lector, confiamos en Cristo Jesús como Salvador, el Espíritu Santo nos bautiza, nos une, en el cuerpo de creyentes y ese cuerpo es Cristo. Pablo dijo en su primera carta a los Corintios, capítulo 12, versículo 13: "Porque por un solo Espíritu fuimos todos bautizados en un cuerpo, tanto judíos como griegos, tanto esclavos como libres; y a todos se nos dio a beber de un mismo Espíritu". Usted y yo somos colocados en el cuerpo de creyentes, o sea en el cuerpo de Cristo, por medio de la fe en Cristo. Se nos dice que estamos en Cristo. En su carta a los Romanos, el apóstol dijo en el capítulo 8, versículo 1, que no hay ninguna condenación para los que están unidos a Jesucristo. Así que estamos atados firmemente en el haz, en el manojo de la vida con el Señor Jesucristo.

Luego Abigail le dijo a David que de la misma manera en que él había metido esa piedra en la honda y la había tirado a Goliat matándolo, así también sus enemigos serían arrojados como las piedras con una honda. "Y él arrojará las vidas de tus enemigos como quien las tira con el cuenco de una honda", fue lo que ella dijo. David sabía todo en cuanto a las hondas, y era muy conocido en todo Israel lo que él había hecho cuando mató al gigante Goliat. Luego Abigail siguió hablándole a David y le dijo aquí en los versículos 30 y 31:

"Cuando el Señor haga con mi señor conforme a todo el bien que ha hablado de ti, y te establezca como príncipe sobre Israel, entonces, señor mío, no tendrás motivo de pena ni remordimientos por haber derramado sangre sin causa, o por haberte vengado con tu propia mano. Guárdese, pues, mi señor, y cuando el Señor haya favorecido a mi señor, acuérdate de tu sierva".

Abigail estaba diciéndole a David: "No nos culpes a nosotros por lo que ha hecho mi esposo. Tú vas a ser rey". Entonces David le habló a ella. Y podemos imaginarnos a David sentado a horcajadas en su caballo, mirando hacia abajo a esta mujer que se encontraba en el polvo, echada a sus pies. Ella era hermosa, noble, y tenía un carácter extraordinario. Y le dijo aquí en los versículos 32 y 33:

"Entonces David dijo a Abigail: Bendito sea el Señor, Dios de Israel, que te envió para que hoy me encontraras. Bendito sea tu razonamiento y bendita tú, que me has impedido hoy derramar sangre y vengarme por mi propia mano".

David estaba agradecido a esta mujer por su sabiduría, al impedirle que hiciera algo, que después hubiera lamentado. Y dice el versículo 35 de este capítulo 25 del primer libro de Samuel:

"David recibió de sus manos lo que le había traído, y le dijo: Sube en paz a tu casa, pues he escuchado tu petición y te la he concedido".

David aceptó la comida, el consejo, y la persona de Abigail. Y continuamos en los versículos 36 al 38 de este capítulo 25 del primer libro de Samuel:

"Cuando Abigail volvió a donde estaba Nabal, este estaba celebrando en su casa un banquete como de rey. Nabal estaba alegre y completamente ebrio, por lo cual ella no le dijo absolutamente nada hasta el día siguiente. Pero por la mañana, cuando ya a Nabal se le habían pasado los efectos del vino, le contó su mujer estas cosas; entonces se le apretó el corazón en el pecho, y se quedó como una piedra. Diez días después, el Señor hirió a Nabal, y éste murió".

Nabal había dado mientras tanto una gran fiesta que le había alegrado mucho. A la mañana siguiente, cuando ya se la habían pasado los efectos de la embriaguez, Abigail le contó lo que había sucedido el día anterior con David. Luego, dice aquí que sufrió un ataque cardíaco repentino que le dejó paralizado. Fue bueno que Dios hubiera impulsado a Abigail a intervenir a tiempo. Las manos de David habrían estado manchadas de sangre y Dios lo impidió.

Ahora, ¿Qué iba a hacer David? Había una viuda hermosa que vivía en el desierto de Parán. Ella fue la única mujer que sería de bendición para David. Y leemos aquí en el versículo 39 de este capítulo 25 del primer libro de Samuel:

"Luego de oír David que Nabal había muerto, dijo: Bendito sea el Señor, que juzgó la causa de la afrenta que recibí de manos de Nabal, y ha preservado del mal a su siervo. El Señor ha hecho caer la maldad de Nabal sobre su propia cabeza".

Después mandó David a decir a Abigail que quería tomarla por mujer.

Cuando David oyó que Nabal había muerto, su deseo inmediato fue que Abigail fuera su esposa. Cuando ella se había encontrado con él en el camino, le había suplicado diciendo: cuando el Señor haya favorecido a mi señor, acuérdate de tu sierva. Pues, bien, a David no le fue posible olvidarse de ella. ¿Sabe por qué? Porque ella había apelado a sus más nobles sentimientos. Le había aconsejado bien, y él supo que su consejo había sido bueno. Se dio cuenta de que la amaba, y creemos que lo que aquí tenemos fue un caso de amor a primera vista.

David también reconoció la mano de Dios. Dios puede usar la hermosura. Ese día en el camino, cuando él agradeció su buen consejo, sus almas nobles se encontraron frente a frente. Y cuando Nabal murió, David pidió que ella fuera su esposa, y ella consintió.

Ahora, algo más que Dios no aprobó tuvo lugar. Leamos los versículos 43 y 44, ahora:

"También tomó David a Ahinoam de Jezreel, y ambas fueron sus mujeres. Porque Saúl había dado a su hija Mical, mujer de David, a Palti hijo de Lais, que era de Galim".

El pecado entró entonces en la vida de David. Era un hombre fuerte y vivió una vida dura; pero, un día hasta llegó a ser un asesino. Y ya que

David era un varón conforme al corazón de Dios, ¿significó ello que Dios aprobaría su vida? No. Más adelante veremos que cuando David anhelase edificar a Dios un templo magnífico, Dios tendría que decirle que no. Dios no le permitiría edificar ese templo debido a la presencia del pecado en su vida.

Y así, Estimado lector, concluimos nuestro estudio de este capítulo 25 del primer libro de Samuel.

1 Samuel 26:1-12

En este capítulo Saúl vino contra David en Aquila. David impidió que Abisai, matara a Saúl, pero tomó su lanza y vasija de agua. Saúl reconoció su pecado. Una vez más, David salvó a Saúl de una muerte segura en el desierto de Zif. Notaremos el contraste entre Saúl y David. Era obvio que Saúl sabía que David había sido elegido por Dios, pero con todo, procuraba matarlo. David reconocía que Saúl era el rey ungido y por eso, le salvó la vida. Comencemos, pues, leyendo los primeros dos versículos de este capítulo 26 del primer libro de Samuel, que forman parte del episodio en que

David perdonó otra vez la vida de Saúl

"Llegaron, pues, los zifeos adonde estaba Saúl, en Gabaa, diciendo: ¿No está David escondido en el collado de Haquila, al oriente del desierto? Entonces Saúl se levantó y descendió al desierto de Zif, llevando consigo tres mil hombres escogidos de Israel, para buscar a David en el desierto de Zif".

Aquí Saúl salió en otra campaña, otra cruzada para tratar de matar a David. Y aquí vemos lo que ocurrió: David huyó al desierto y Saúl salió en su persecución. David era un gran soldado y conocía el terreno, lo cual le había ayudado a convertirse en un general experto. También tenía hombres leales que estaban dispuestos a morir por él y con él. Ahora, Saúl no conocía el terreno. Y además, sus seguidores no eran tan leales, y por eso Saúl realmente desconfiaba de ellos. Pasemos ahora al versículo 4:

"David, por tanto, envió unos espías, y supo con certeza que Saúl había llegado".

David no podía creer que Saúl entrara en un territorio que no conocía. Fue un error militar de tales proporciones, que David envió unos espías para ver si Saúl estaba verdaderamente en la región. Sus exploradores le informaron que Saúl en verdad se encontraba en el desierto. Y leemos en el versículo 5:

"Se levantó luego David y fue al sitio donde Saúl había acampado. Observó el lugar donde dormían Saúl y Abner hijo de Ner, general de su ejército. Estaba Saúl durmiendo en el campamento, y el pueblo acampaba en derredor suyo".

David estaba en posición de observar dónde se encontraban Saúl y sus hombres, mientras que él y sus hombres pudieron esconderse en el desierto. Continuemos con los versículos 6 y 7 del capítulo 26 de este primer libro de Samuel:

"Entonces David dijo a Ahimelec, el heteo, y a Abisai, hijo de Sarvia, hermano de Joab: ¿Quién descenderá conmigo al campamento donde está Saúl? Abisai dijo: Yo descenderé contigo. David y Abisai fueron, pues, de noche a donde estaba el ejército. Saúl se hallaba tendido durmiendo en el campamento, con su lanza clavada en tierra a su cabecera; Abner y el ejército estaban tendidos alrededor de él".

David y Abisai entraron en el campamento de Saúl y lo inspeccionaron. Saúl estaba dormido en una trinchera, rodeado de sus hombres. A la cabecera de su cama estaba clavada su lanza en la tierra. Y dice el versículo 8:

> *"Entonces dijo Abisai a David: Hoy ha entregado Dios a tu enemigo en tus manos; ahora, pues, déjame que lo hiera con la lanza: lo clavaré en tierra de un golpe, y no le hará falta un segundo golpe".*

Abisai estaba diciéndole a David: "Si me dejas acercar, con un solo golpe que le dé, será suficiente, y quedarás libre de tu enemigo". Pero veamos lo que respondió David en el versículo 9:

> *"David respondió a Abisai: No lo mates; porque ¿quién extenderá impunemente su mano contra el ungido del Señor?"*

Una vez más, David tuvo la oportunidad de matar a Saúl, pero rehusó aprovecharse de ella. Dijo que no alzaría su mano contra el ungido del Señor. Continuemos con el versículo 10:

> *"Dijo además David: ¡Vive el Señor!, que si el Señor no lo hiriera, sea que le llegue su día y muera, o descienda a la batalla y perezca"*

David dijo: "Dios tendrá que ocuparse de él". David estaba actuando según el principio que se encuentra en la carta a los Hebreos, capítulo 10, versículo 30, donde dice: "Mía es la venganza, yo daré el pago, dice el Señor". Y continuó David hablando en los versículos 11 y 12 y dijo:

> *"guárdeme el Señor de extender mi mano contra el ungido del Señor. Pero ahora toma la lanza que está a su cabecera y la vasija de agua, y vámonos. Se llevó, pues, David la lanza y la vasija de agua de la cabecera de Saúl y se fueron. No hubo nadie que los viera, ni se diera cuenta, ni se despertara, pues todos dormían; porque había caído sobre ellos un profundo sueño enviado por el Señor".*

Ahora, lo que hizo David no fue difícil. Tomó la lanza y la vasija de agua de Saúl, y nadie se despertó porque el Señor había hecho que un profundo sueño cayera sobre Saúl y sus hombres.

Esa calma en medio del peligro, y esa serenidad al evaluar a un enemigo, provenían de una persona que amaba a Dios, tenía fe en Él y le había confiado su vida para que Él cumpliera sus propósitos para él y su pueblo. Estimado lector, todos aquellos que han confiado en el Señor Jesucristo como su Salvador, podrán hoy descansar confiados, sabiendo que el Señor, que es un refugio, una verdadera fortaleza para Sus hijos, se ocupará de aquellos que les desean causar un daño. Bien pudo el mismo David, aquel soldado que también era un músico, escribir aquellas palabras del Salmo 37:5, que usted y yo haremos bien en recordar: "Encomienda al Señor tu camino. confía en él y él hará".

1 Samuel 26:13-28:7

Continuamos estudiando el capítulo 26 del primer libro de Samuel. Y en el capítulo anterior, estuvimos viendo cómo David y Abisai entraron al campamento de Saúl e inspeccionaron todo. Y habían encontrado a Saúl dormido en una trinchera, rodeado de sus hombres. A la cabecera de su cama, vieron su lanza clavada en la tierra. Y Abisai le dijo a David, que le permitiera herir a Saúl con la lanza y enclavarlo en la tierra, porque según él, Dios había entregado a su enemigo en manos de David. Pero vimos también, que David no le permitió hacer esto. Le dijo, "No le mates. Porque, ¿quién extenderá su mano contra el ungido del Señor, y será inocente?" Aunque David tuvo la oportunidad de matar a Saúl, rehusó hacerlo y aprovecharse de esa oportunidad. No quiso alzar su mano contra el ungido del Señor y habrá pensado que Dios se ocuparía de él. Como dijo el escritor a los hebreos, en el capítulo 10 de su carta, versículo 30: "Mía es la venganza; Yo daré el pago, dice el Señor". Y David actuó en base a ese principio. Luego vimos cómo decidió tomar la lanza que estaba a la cabecera de Saúl y la vasija de agua, y se fue con Abisai. En realidad, lo que hizo David no fue difícil. Tomó la lanza y la vasija de agua de Saúl y nadie se despertó, porque el Señor había causado que un profundo sueño cayera sobre Saúl y sus hombres. Leamos hoy el versículo 13 de este capítulo 26 del primer libro de Samuel:

> "Luego pasó David al lado opuesto y se puso en la cumbre del monte a lo lejos, de manera que había una gran distancia entre ellos".

Entonces David se apartó del campamento de Saúl, pero no volvió donde estaban sus hombres. Fue al otro lado del campamento de Saúl y se situó en la cumbre de un monte. Era un lugar desde donde podía escaparse fácilmente si alguien le perseguía. Y dicen los versículos 14 al 17:

"Y gritó David al pueblo y a Abner hijo de Ner, diciendo: ¿No respondes, Abner? Abner respondió: ¿Quién eres tú que gritas al rey? Entonces dijo David a Abner: ¿No eres tú un hombre? ¿Quién hay como tú en Israel? ¿Por qué, pues, no has guardado al rey tu señor? Porque uno del pueblo ha entrado a matar a tu señor el rey. Esto que has hecho no está bien. ¡Vive el Señor!, que sois dignos de muerte, porque no habéis guardado a vuestro señor, al ungido del Señor. Mira ahora dónde está la lanza del rey y la vasija de agua que tenía a su cabecera. Reconociendo Saúl la voz de David, dijo: ¿No es esta tu voz, David, hijo mío? David respondió: Sí, es mi voz, rey y señor mío".

Francamente, creemos que David habló sarcásticamente aquí con Abner el general de Saúl, quien debía haber estado protegiéndole. David puso en ridículo a Abner. David le estaba diciendo que su rey podría haber sido asesinado. Al mismo tiempo creemos que el rey y sus hombres comenzaron a despertarse y se preguntaron qué había ocurrido. Luego David preguntó: "¿Dónde están la lanza y la vasija de agua de Saúl? ¡No están!" Y podemos imaginarnos a David levantando en alto la lanza y la vasija de agua de Saúl para mostrarlas, indicando así que bien pudo haber dado muerte a Saúl, pero que no lo había hecho. Y eso era lo importante: ¡David no había matado al rey! Tuvo una actitud prudente en cuanto a todo este asunto. Él sabía que Dios iba a ocuparse de este asunto. Por lo que a David se refería, Dios se encargaría del problema de Saúl. Es fácil criticar a David, pero, ¿cuántos de nosotros hoy dejamos que sea Dios quien se encargue de nuestros enemigos? Tratamos de aplicar la justicia nosotros mismos, con nuestras propias manos, para responder a nuestros acusadores según nuestro propio parecer. Dios dice: "Dejad que yo me encargue de la situación y vosotros vivid por la fe. Confiad en Mí". Más tarde veremos que David confió en el Señor, y que a su debido tiempo, el Señor se hizo cargo de

Saúl. Aquí le dijo a Saúl en los versículos 23, 24 y 25 de este capítulo 26 del primer libro de Samuel:

> *"Que el Señor pagué a cada uno según su justicia y su lealtad, pues el Señor te había entregado hoy en mis manos, pero yo no quise extender mi mano contra el ungido del Señor. Del mismo modo que tu vida ha sido estimada preciosa hoy a mis ojos, así sea mi vida a los ojos del Señor, y me libre de toda aflicción. Y Saúl dijo a David: Bendito seas tú, David, hijo mío; sin duda emprenderás tú cosas grandes, y prevalecerás. Entonces David siguió su camino, y Saúl regresó a su lugar".*

Aunque Saúl otra vez admitió que estaba equivocado e interrumpió su persecución de David, éste sabía que se trataba solo de un alivio momentáneo. David estaba llegando a un extremo de desaliento; estaba cansado de estar huyendo constantemente, y de andar refugiándose en las cuevas. Y así concluimos nuestro estudio de este capítulo 26 del primer libro de Samuel. Entramos ahora a...

1 Samuel 27

Aquí, leamos el versículo 1, donde damos comienzo a un párrafo titulado

David se retiró al país filisteo

> *"Dijo luego David en su corazón: Cualquier día de estos voy a morir a manos de Saúl; por tanto, lo mejor será que me fugue a tierra de los filisteos, para que Saúl no se ocupe más de mí y no me siga buscando por todo el territorio de Israel; así escaparé de sus manos".*

En este capítulo, vemos que Saúl, oyendo que David estaba en Gat, en tierra de los filisteos, no le buscó más. Esto, evidentemente, fue una desviación en la vida de David de aquel nivel alto de fe en Dios que había caracterizado a la vida de David. Éste fue un período de descenso, en la fe de David. Encontramos que lo mismo sucedió en las vidas de Abraham, Isaac y Jacob. Y parece que la mayoría de los que sirven a Dios tiene un período de bajo nivel espiritual en sus vidas.

Pero, hay un mensaje para usted y para mí en este capítulo. Quizás en este mismo día usted se ha enfrentado con ciertos problemas. Posiblemente se haya sentido como pasando por un valle oscuro. Y parece no haber solución para sus problemas. Bueno, si le sirve de algún consuelo, ha habido muchos otros que han pasado y están pasando por ese valle. Es que ésa ha sido una ruta muy concurrida. Este hombre, David, caminó por ese sendero mucho antes que usted y yo. Ésta ha sido una de las razones por las que David me ha sido de mucha ayuda en mi vida cristiana. Puedo simpatizar con él en su situación. Parecía que iba a pasar el resto de su vida huyendo como un fugitivo y que, finalmente, acabaría muerto por Saúl. Continuemos leyendo los versículos 2 hasta el 6 de este capítulo 27 del primer libro de Samuel:

> *"Se levantó, pues, David, y con los seiscientos hombres que lo acompañaban se pasó a Aquis hijo de Maoc, rey de Gat. Y vivió David con Aquis en Gat, él y sus hombres, cada cual con su familia; David con sus dos mujeres, Ahinoam, la jezreelita, y Abigail, la que fue mujer de Nabal, el de Carmel. Saúl recibió la noticia de que David había huido a Gat, y no lo buscó más. David dijo a Aquis: Si he hallado gracia ante tus ojos, haz que me den un lugar en alguna de las aldeas para que habite allí; pues ¿por qué ha de vivir tu siervo contigo en la ciudad real? Aquel mismo día Aquis le asignó Siclag, por lo cual Siclag pertenece a los reyes de Judá hasta hoy".*

Y así estaba David, desanimado y abatido, haciendo algo que nunca debió haber hecho. Salió de la tierra de los israelitas y se fue a vivir en la tierra de los filisteos. No hay nada en este capítulo que revele que David fuese en esos momentos un hombre de Dios. Los versículos 7 al 11 de este capítulo 27 del primer libro de Samuel, nos relatan sus andanzas en esa tierra, sus incursiones guerreras asolando el país al servicio del rey Aquis, que viéndole actuar llegó a pensar de él lo que leemos ahora en el versículo final de este capítulo 27, el versículo 12:

> *"Pero Aquis confiaba en David, pues pensaba: Él se ha hecho odioso a su pueblo Israel, y será mi siervo para siempre".*

1 Samuel 28:1-7

Este capítulo relata que Saúl, siendo desechado por Dios, consultó a una pitonisa, o sea, a una hechicera. Samuel apareció de entre los muertos. Saúl, enterándose de su propia ruina, se desmayó, pero cobró nuevas fuerzas, después de haber comido.

La entrevista de Saúl con la adivina de Endor plantea y promueve muchas preguntas. La principal tiene que ver con Samuel. ¿Logró la hechicera hacer volver a Samuel de los muertos? Se han adelantado al respecto algunas explicaciones; (1) Algunos expositores Bíblicos rechazan esa posibilidad, alegando que se trató de un fraude, adoptando la posición de que la hechicera era ventrílocua; (2) Otros mantienen que el deseo abrumador de comunicarse con los seres queridos muertos hace que los familiares del difunto sean víctimas del engaño; y (3) otros creen que la hechicera realmente hizo volver a Samuel de los muertos. Esta postura es insostenible, según el resto de las Escrituras. Si es así, éste sería el único caso en todas las Escrituras. Comencemos, pues, leyendo los primeros cuatro versículos de este capítulo 28 del primer libro de Samuel, en los que se inicia el relato en el que

Los filisteos planearon un ataque y Saúl consultó a la adivina de Endor

> *"Aconteció en aquellos días, que los filisteos reunieron sus fuerzas para pelear contra Israel. Y Aquis dijo a David: Ten entendido que has de salir*

a campaña conmigo, tú y tus hombres. David respondió a Aquis: Muy bien, ahora sabrás lo que hará tu siervo. Aquis dijo a David: En ese caso, te haré mi guarda personal mientras viva. Ya Samuel había muerto. Todo Israel lo había lamentado y lo había sepultado en Ramá, su ciudad. Saúl había expulsado de la tierra a los encantadores y adivinos. Se reunieron, pues, los filisteos, y vinieron a acampar en Sunem. Mientras, Saúl reunió a todo Israel y acampó en Gilboa".

Nuevamente los filisteos reunieron sus tropas para ir a la guerra contra Israel. Ahora, David no les dio ninguna promesa clara de que les ayudaría en su guerra contra los israelitas. Por supuesto, de haber podido, hubiera evitado hacerlo. Los filisteos se habían reunido en Sunem, y Saúl reunió sus tropas en Gilboa. Continuemos con los versículos 5 hasta el 7 de este capítulo 28:

"Cuando Saúl vio el campamento de los filisteos, tuvo miedo y se turbó sobremanera su corazón. Consultó Saúl al Señor, pero el Señor no le respondió ni por sueños ni por el Urim ni por los profetas. Entonces Saúl dijo a sus criados: Buscadme una mujer que tenga espíritu de adivinación, para que vaya a consultar por medio de ella. Sus criados le respondieron: Aquí, en Endor, hay una mujer que tiene espíritu de adivinación".

Ahora, como Dios no estaba hablando con Saúl, en su desesperación él se volvió a Satanás. La adivina de Endor era probablemente una ventrílocua. Creemos que en parte, ella engañaba y que en parte, estaba entregada al espiritismo.

Ahora, quisiéramos hacer por un momento una pausa para decir algo en cuanto al espiritismo. Vivimos en un tiempo en el cual los asuntos de la religión causan unas emociones vivas. Una de las vías que los que buscan las experiencias emocionantes exploran, es el espiritismo moderno, o la nigromancia antigua. Claro que el argumento más fuerte que tienen es el caso de la adivina de Endor. Dicen que ella hizo volver a Samuel de los muertos. La pregunta es ésta, entonces, "¿Volvió en realidad Samuel de los muertos y se comunicó con Saúl?" Como ya hemos dicho, si así ocurrió, sería éste el único caso de tal aparición en todas las Escrituras.

Ahora, antes de contestar esta pregunta, quisiéramos considerar algún material al respecto. Las Escrituras categóricamente condenan la práctica de la nigromancia. En Deuteronomio, capítulo 18, versículos 9 al 14, leemos en cuanto a este tema: "Cuando entres a la tierra que el Señor tu Dios te da, no aprenderás a hacer según las abominaciones de aquellas naciones. No sea hallado en ti quien haga pasar a su hijo o a su hija por el fuego, ni quien practique adivinación, ni agorero, ni sortílego, ni hechicero, ni encantador, ni adivino, ni mago, ni quien consulte a los muertos. Porque es abominación para el Señor cualquiera que hace estas cosas, y por estas abominaciones el Señor tu Dios expulsa a estas naciones de tu presencia. Perfecto serás delante del Señor tu Dios. Porque estas naciones que vas a heredar, a agoreros y a adivinos oyen; pero a ti no te ha permitido esto el Señor tu Dios". Ahora, permítanos advertirle, Estimado lector, que vivimos en tiempos en los que nuevamente se practican muchas de las cosas que aquí se mencionan y se condenan.

Una revista de noticias muy reconocida y de gran circulación mundial, publicó una vez los nombres de dos adivinos. Según explicó la revista, la mayoría de las estrellas de Hollywood los consultaban para enterarse de lo que les depararía el futuro. Vemos en la actualidad un gran resurgimiento de estas prácticas aunque, en realidad, el ocultismo en todas sus formas es algo que ya ha sido practicado por mucho tiempo.

En el año 1947, una revista de la Iglesia de Inglaterra, publicó un artículo en el cual decía: "A pesar de la gran cantidad de fraude, falsificación, engaño e interpretación de los pensamientos, de forma consciente o inconsciente, con la que el investigador de fenómenos psíquicos tiene que contender, hay un núcleo de material genuino que no se puede explicar con nuestro conocimiento presente, salvo que se acepte la hipótesis de que las personalidades humanas continúan su existencia más allá de la muerte y que ciertas personas tienen el poder y el don de ponerse en contacto con ellas. Las iglesias no tienen nada que temer de los fenómenos psíquicos genuinos". Hasta aquí, la cita del artículo.

Ahora, esto es asombroso ya que desde ese entonces ha habido un creciente interés en la observación de las estrellas. El interés en la supuesta ciencia de la percepción extrasensorial, también ha aumentado. Son muchos los que consultan los horóscopos. Y los astrólogos ganan anualmente enormes sumas de dinero.

Permítanos decir, Estimado lector, que la Palabra de Dios categóricamente condena toda esta clase de actividades, y Dios ha juzgado a las naciones en el pasado por involucrarse en semejantes prácticas. Incluso desterró a Su propio pueblo por apartarse de Él y volverse a estas prácticas abominables. Estimado lector, éstas son las prácticas peligrosas de la hora actual, y las Escrituras nos advierten de su peligro, y predicen que habrá un notable incremento de este interés en el ocultismo.

Ahora, en el relato de "el rico y el mendigo Lázaro", que tenemos en el capítulo 16 del evangelio según San Lucas, versículos 19 al 31, usted recordará que el rico pidió que Abraham enviara a Lázaro a la casa de su padre porque él tenía cinco hermanos y quería que Lázaro regresara a la vida y les testificara, para que ellos no fueran a ese mismo lugar de tormento en que él se encontraba. Abraham rechazó esta petición recordándole que sus hermanos ya tenían a Moisés y a los profetas y que debían escucharlos a ellos. O sea que de ninguna manera podría Lázaro volver al mundo de los vivos. Pablo, por su parte, fue arrebatado al tercer Cielo pero mantuvo silencio en cuanto a aquella experiencia.

No pudo hablar de lo que había visto, como lo menciona en su segunda carta a los Corintios, capítulo 12, versículos 2 al 4. Y en su segunda carta a los Tesalonicenses, capítulo 2, versículo 9, dijo el apóstol: "El advenimiento de este impío, que es obra de Satanás, irá acompañado de hechos poderosos, señales y falsos milagros". También, escribiendo al joven predicador Timoteo, Pablo le dijo en su primera carta, capítulo 4, versículo 1: "Pero el Espíritu dice claramente que en los postreros tiempos algunos apostatarán de la fe, escuchando a espíritus engañadores y a doctrinas de demonios". La adoración a Satanás ha proliferado tanto que hasta existen iglesias? o lo que ellos llaman iglesias? en donde en realidad se le rinde culto a Satanás. Esto es algo que la Palabra de Dios dice que aumentará en los últimos tiempos.

Encontramos, pues, ahora a Saúl visitando a la adivina de Endor. Y vamos a considerar este incidente, Dios mediante, en nuestro próximo capítulo. Pero al haber iniciado aquí este tema del mundo sobrenatural que opera como fuerza de maldad, recordamos que Jesucristo se enfrentó con esas fuerzas que esclavizaban a las personas totalmente y acababan destruyéndolas física y espiritualmente. Todos aquellos que se acercaron a Él, fueron liberados y experimentaron una gran transformación. Nadie debiera ignorar la importancia de este tema, ni tampoco sentir temor u obsesionarse con él. Se trata de descansar en la muerte de Jesucristo y en la victoria de la resurrección. El apóstol Pablo, escribiendo a los Colosenses, 2:15, les reafirmó en su fe diciéndoles que por medio de la obra de Cristo en la cruz, Dios venció a los seres espirituales que tenían poder y autoridad, y los humilló públicamente, llevándolos prisioneros en su desfile victorioso. Estimado lector, si usted es consciente de una dependencia por su parte de algunas de estas prácticas que hemos considerado a la luz de la Palabra de Dios, y quiere liberarse de ellas, deposite su confianza en el Señor Jesucristo, recordando que, como bien dijo al apóstol Juan en su primera carta 4:4, "el que está en vosotros es más poderoso que el que está en el mundo".

1 Samuel 28:8-30:6

Continuamos estudiando hoy el capítulo 28 de este primer libro de Samuel. Y en el capítulo anterior, vimos que ante la posibilidad de enfrentarse con los ejércitos de los filisteos, Saúl consultó al Señor, pero el Señor no le respondió. Entonces les pidió a sus criados que le buscaran a una mujer que tuviera un espíritu de adivinación para que él pudiera consultarla. Le dijeron que había una mujer en Endor que tenía espíritu de adivinación. Saúl, entonces, se preparó para ir a visitar a la adivina o hechicera de Endor. Vamos, pues, a leer hoy este pasaje comprendido entre los versículos 8 y 14 de este capítulo 28, que nos habla de esta visita que Saúl hizo a esta hechicera. Dice así:

"Se disfrazó Saúl poniéndose otras vestiduras y, acompañado por dos hombres, vinieron a aquella mujer de noche y él dijo: Te ruego que me adivines, por el espíritu de adivinación, y hagas venir a quien yo te diga.
La mujer le respondió: Bien sabes lo que Saúl ha hecho, cómo ha extirpado de la tierra a los evocadores y a los adivinos. ¿Por qué, pues, me pones esta trampa para hacerme morir? Entonces Saúl le juró por el Señor: ¡Vive el Señor!, que ningún mal te sobrevendrá por esto. La mujer dijo: ¿A quién te haré venir? Hazme venir a Samuel, respondió él. Al ver la mujer a Samuel, lanzó un grito y dijo a Saúl: ¿Por qué me has engañado?, pues tú eres Saúl. No temas. ¿Qué has visto? le respondió el rey. He visto dioses que suben de la tierra, dijo la mujer a Saúl. ¿Cuál es su forma? Le preguntó él. Un hombre anciano viene, cubierto de un manto respondió ella. Comprendió Saúl que era Samuel, y cayendo rostro en tierra, hizo una gran reverencia".

Observemos el terror que sintió aquella adivina al ver a criaturas sobrenaturales que subían de la tierra. Si uno lee el relato cuidadosamente, se da cuenta que Saúl no vio realmente a Samuel. Fue la adivina, quien posiblemente nunca hubiera visto a Samuel en vida, la que dijo que vio a un anciano cubierto con un manto o una capa. Por supuesto, ellos llegaron a la conclusión de que esa figura era Samuel. Entonces, esa figura humana respondió como si fuera Samuel, porque los demonios pueden hacerse pasar por una persona o imitarla. Saúl se había abierto ampliamente a la influencia de Satanás y éste, se introdujo en su persona. Continuemos leyendo el versículo 15, de este capítulo 28 de 1 Samuel:

> "Samuel dijo a Saúl: ¿Por qué me has inquietado haciéndome venir? Saúl respondió: Estoy muy angustiado, pues los filisteos pelean contra mí. Dios se ha apartado de mí y ya no me responde, ni por medio de los profetas ni por sueños; por esto te he llamado, para que me digas lo que debo hacer".

Aquí vemos nuevamente que Saúl había sido abandonado por Dios, y estaba desesperado y asustado por el avance de los filisteos. Continuemos leyendo los versículos 16 al 19:

> "Samuel respondió: ¿Para qué me preguntas a mí, si el Señor se ha apartado de ti y es tu enemigo? El Señor te ha hecho como predijo por medio de mí, pues el Señor ha arrancado el reino de tus manos y lo ha dado a tu compañero, David. Como tú no obedeciste a la voz del Señor, ni atendiste al ardor de su ira contra Amalec, por eso el Señor te ha hecho esto hoy. Junto contigo, el Señor entregará a Israel en manos de los filisteos; mañana estaréis conmigo, tú y tus hijos. El Señor entregará también al ejército de Israel en manos de los filisteos".

Resulta interesante observar que en estas palabras no se añadió nada nuevo. Saúl no consiguió ninguna información nueva. Samuel, antes de su muerte, ya había hablado sobre el rechazo, la destrucción y la muerte de Saúl. Con este incidente, Saúl, pues, no obtuvo ningún consuelo ni dirección, ni ninguna nueva información sobre su incursión al mundo de los espíritus.

Esto nos recuerda un relato de uno de los amigos de Job. Por la forma en que se expresó, uno pensaría que había recibido una revelación extraordinaria. Se encuentra en Job 4:12-17, y dice así:

"El asunto me llegó como un susurro; mis oídos lograron percibirlo. En la imaginación de visiones nocturnas, cuando el sueño cae sobre los hombres, me sobrevino un espanto y un temblor que estremeció todos mis huesos: y al pasar un soplo por delante de mí, se erizó el pelo de mi cuerpo. Delante de mis ojos se detuvo un fantasma cuyo rostro no reconocí, y lo oí decir muy quedo: ¿Será el mortal más justo que Dios? ¿Será el hombre más puro que el que lo hizo?"

Después de que aquel hombre tuviera esa gran experiencia que describió con gran cantidad de giros y expresiones, al ver este resultado nos preguntamos ¿percibimos alguna nueva verdad? Realmente, no. Y la conclusión en forma de pregunta que dice ¿Será el hombre más puro que el que lo hizo? ¿No es acaso una verdad evidente? En este caso, el "fantasma" o personaje mencionado en el versículo 16, no reveló nada nuevo.

En el incidente de 1 Samuel, resulta obvio que Dios no estaba de acuerdo con este procedimiento. En primer lugar, Dios no llamaría a Samuel, pues Saúl dijo claramente que Dios ya no hablaba con él. ¿Le fue entonces posible a Satanás llamar a Samuel? Ésta es, por supuesto, la cuestión.

Ahora, al leer la Escritura debemos entender que Cristo fue el único que se comunicó con los muertos. Sólo Él puede hablar con los muertos. Este hombre, Saúl, había sido abandonado por Dios. Por lo que a él se refería, el Cielo permanecía en silencio. Y por tanto, Saúl acudió al infierno. Ahora, ¿se le apareció Samuel a Saúl? Ante esta pregunta, se han ofrecido varias explicaciones. Hay quienes descartan el incidente como un fraude. No creen que haya en él ningún elemento genuino. Dicen que la adivina era ventrílocua y que escenificó todo el espectáculo. Nosotros también creemos que ella era una impostora, pero tenemos que reconocer que, como ella se quedó tan asustada como Saúl de lo que sucedió, no podemos descartar el elemento sobrenatural.

El mago Houdini, en sus tiempos, dijo que él podía duplicar un 95 por ciento de todos los llamados actos sobrenaturales que el espiritismo alegaba poder hacer y que aparentemente hacía. Ahora, considerando que un 99 por ciento de eso era un fraude, ¿qué diremos del resto? Bueno, creemos que lo que ocurrió en Endor, fue algo sobrenatural, pero no creemos que Dios tuviera algo que ver con ello. Claro que también hay otro factor que ayuda a explicar algo de lo que ocurre en estos casos, y se trata del deseo irresistible de los familiares de comunicarse con sus seres queridos que han fallecido.

Luego, hay otra explicación que se ha dado. Hay quienes dicen que la adivina en realidad hizo venir a Samuel de los muertos. Estimado lector, esa explicación no se puede sostener ni es compatible con el resto de las Escrituras. Aquí en el versículo 15, dice: "Y Samuel dijo a Saúl: ¿Por qué me has inquietado haciéndome venir? Y Saúl respondió: Estoy muy angustiado, pues los filisteos pelean contra mí. Dios se ha apartado de mí y ya no me responde". Saúl quería hallar una solución a su problema y Dios ya no le hablaba. Creemos que la pitonisa era un fraude. En realidad, lo que apareció era un demonio. Ella estaba controlada y gobernada por un demonio adivinador. Al fin y al cabo no le reveló ninguna información nueva a Saúl. Samuel ya le había dicho a Saúl que Dios lo había desechado. Usted recordará que en el capítulo 15 de este primer libro de Samuel, en el versículo 23, dice: "Como pecado de adivinación es la rebelión, como ídolos e idolatría la obstinación. Por cuanto rechazaste la palabra del Señor, también él te ha rechazado para que no seas rey". También le dijo que el reino pasaría a David.

Es muy significativo lo que se nos dice en el primer libro de Crónicas, capítulo 10, versículo 13: "Así murió Saúl a causa de su rebelión con que pecó contra el Señor, contra la palabra del Señor, la cual no guardó, y porque consultó a una adivina". Estimado lector, Dios condenó lo que Saúl hizo.

Ahora, hay quienes utilizan el versículo 12, en este capítulo 28 del primer libro de Samuel, para intentar probar que Dios hizo que Samuel se apareciera. Dice así: "Y viendo la mujer a Samuel, lanzó un grito y dijo a Saúl: ¿Por qué me has engañado?, pues tú eres Saúl". No nos adherimos a esta teoría. Creemos que fue un espíritu que se hizo pasar por Samuel imitándole, y no Samuel, el que apareció. Dios ya no hablaba con Saúl. Y lo que era aún peor, Saúl ya no tenía una relación con Dios. Los muertos no pueden comunicarse con los seres vivos de ninguna manera, y por eso, este incidente fue satánico desde el principio hasta el fin.

Cuando decimos que los muertos no se pueden comunicar con los vivos, hay una sola excepción. ¿Quiere escuchar una voz de los muertos? Pues, bien, escúchala en Apocalipsis, capítulo 1, versículos 17 y 18, donde leemos: "Cuando le vi, caí a sus pies como muerto. Y él puso su diestra sobre mí diciéndome: No temas; yo soy el primero y el último, el que vive. Estuve muerto pero vivo por los siglos de los siglos, amén. Y tengo las llaves del reino de la muerte". Es el Señor Jesucristo el que tiene las llaves de la tumba y la muerte. Él sí ha muerto y ha triunfado sobre la muerte regresando de los muertos. Si usted necesita ayuda, acuda a Él. Si usted es consciente de que necesita la salvación, vaya hacia Él. Jesús cruzó el portal de la muerte por usted y por mí, y regresó con su inmenso poder, que está a disposición de los que están dispuestos a creer, y al alcance de los suyos.

Los versículos 20 al 25, con los que finaliza este capítulo 28 de 1 Samuel, simplemente relatan el final de la entrevista con la adivina.

1 Samuel 29

Este capítulo, describe la vida de David entre los filisteos. Como ya vimos en el capítulo 27, David se había sentido tan desalentado por la determinación de Saúl de matarle, que salió de las tierras de Israel. Dios no le había dicho que saliese, así como tampoco, en la época de los patriarcas, tampoco la había dicho a Abraham que abandonase la tierra. Ya indicamos anteriormente que la fe de estos dos hombres se debilitó. Así que entonces, David no consultó a Dios, ni recibió el consentimiento divino para tomar esta decisión y se trasladó al país de los filisteos.

Ahora debemos tener en cuenta que los filisteos eran acérrimos enemigos de su pueblo. Sucedió entonces que mientras David estuvo viviendo allí se hizo amigo de Aquis, rey de Gat, uno de los líderes de los filisteos. Pero la guerra estalló una vez más entre los israelitas y los filisteos y entonces David se encontró en una situación bastante difícil, porque, siendo amigo de uno de los líderes de aquel país, se sintió obligado a quedarse con los filisteos y ser su aliado. Pero Dios intervino e impidió que David atacara a su propio pueblo. Ésta sí que fue una solución de último momento. Si Dios no hubiese intervenido, David habría hecho algo que hubiera lamentado durante toda su vida.

Y amigo y hermano que nos escucha. No nos damos cuenta de las muchas ocasiones en que Dios interviene en nuestras vidas. A veces traspasamos los límites que Dios ha fijado y no nos encontramos en el lugar donde debiéramos estar, o no hacemos lo que debiéramos estar haciendo. Cuando cometemos estos errores de juicio o de apreciación, Dios muchas veces interviene bondadosamente y nos guarda de cometer algún pecado o error que lamentaríamos durante el resto de la vida. Estamos seguros que usted puede mirar atrás en el camino de su vida y recordar muchas de estas ocasiones en las que Dios intervino.

Comencemos, pues, este capítulo 29, leyendo los primeros dos versículos:

"Los filisteos reunieron todas sus fuerzas en Afec, e Israel acampó junto a la fuente que está en Jezreel. Mientras los príncipes de los filisteos pasaban revista a sus compañías de a ciento y de a mil hombres, David y sus hombres iban en la retaguardia con Aquis".

Cuando la guerra estaba para estallar, David y sus hombres se encontraban con los filisteos. Ahora, los príncipes de los filisteos conocían a David y cuando le vieron marchando con ellos, no les gustó nada, y con toda la razón. Estamos seguros que si usted viera marchando juntamente con usted a alguien que, habiendo sido su enemigo se pone repentinamente de su lado, querría estar seguro que tal persona no se le fuera a acercar por detrás para atacarle. A veces una persona que usted tenía por enemigo, de repente se convierte en su aliado y usted se pregunta si en verdad es su amigo, o si tiene otras intenciones ocultas. Y leamos ahora el versículo 3 de este capítulo 29 del primer libro de Samuel, en la cual vemos que

Los filisteos desconfiaron de que David luchase contra Israel

"Entonces los príncipes de los filisteos dijeron: ¿Qué hacen aquí estos hebreos? Aquis respondió a los príncipes de los filisteos: ¿No ven que es David, el siervo de Saúl, rey de Israel? Ha estado conmigo por días y años, y no he hallado falta en él desde que se pasó a mi servicio hasta el día de hoy".

El príncipe filisteo Aquis no encontró ninguna falta en David porque le había sido leal. Durante el tiempo que pasó allí, nunca trató de socavar su posición. Se había dado cuenta de que David no era ese tipo de persona. Veamos ahora el versículo 4:

"Entonces los príncipes de los filisteos se enojaron contra él, y le dijeron: Despide a este hombre, para que regrese al lugar que le señalaste y no venga con nosotros a la batalla, no sea que en la batalla se vuelva enemigo nuestro; porque ¿con qué cosa retornaría mejor a la gracia de su señor que con las cabezas de estos hombres?"

Así razonaron los soldados filisteos y hasta cierto punto tenían razón. Quizá David quisiera hacer las paces con Saúl y, ¿qué mejor que luchando contra los filisteos durante la batalla contra Israel? Eso seguramente le reconciliaría con Saúl. Y como los soldados no conocían a David, nadie podía culparles por no querer correr ese riesgo. Y continuaron hablando aquí en el versículo 5 y dijeron:

"¿No es este el David de quien cantaban en las danzas: Saúl hirió a sus miles, y David a sus diez miles?"

Esto sí que fue memoria colectiva. ¡Pues sí que se había hecho popular esa canción, después que David hubiera vencido al gigante Goliat! Los príncipes filisteos habían oído hablar de David y sabían que podría convertirse en un enemigo formidable. Por lo tanto creemos que su posición era razonable y lógica. Aquis, sin embargo, confiaba completamente en David. Y dijo aquí en los versículos 6 y 7:

"Entonces Aquis llamó a David y le dijo: ¡Vive el Señor, tú has sido un hombre recto!, y me ha parecido bien que salgas y entres en el campamento conmigo, porque ninguna cosa mala he hallado en ti desde que viniste a mí hasta el día de hoy; pero no eres grato a los ojos de los príncipes. Regresa, pues, y vete en paz, para no desagradar a los príncipes de los filisteos".

O sea, que Aquis fue superado por la opinión general, que no deseaba la ayuda de David. Y para mantener la armonía entre ellos, Aquis despidió a David. Esta actitud fue realmente nada menos que la providencia del Dios Todopoderoso. Libró a David de tener que luchar contra su propio pueblo. Y leemos aquí en el versículo 8 de este capítulo 29 del primer libro de Samuel:

"David dijo a Aquis: ¿Qué he hecho yo? ¿Qué has hallado en tu siervo desde que entré a tu servicio hasta el día de hoy, para que yo no vaya y pelee contra los enemigos del rey, mi señor?"

Aunque el rey Saúl fuera enemigo de David en aquel tiempo, era inconcebible que David se volviese en contra de su propio pueblo. Sin embargo, el debilitamiento de la fe de David al salir de su tierra, reveló que también se estaba apartando de la voluntad de Dios. Y esta actitud abrió el camino para que el pecado entrara en su vida. Estimado lector cristiano, es interesante comprobar que cuando un hijo de Dios se aparta de la voluntad de Dios, no perderá su salvación, pero se complicará la vida con problemas y no gozará de la guía y bendición de Dios.

David se apartó de la voluntad de Dios y aquí vemos que estuvo a punto de cometer un pecado terrible y un error trágico. Pero Dios intervino a tiempo. Leamos en el versículo 11 de este capítulo 29 del primer libro de Samuel:

"Se levantaron David y sus hombres de mañana para irse y regresar a la tierra de los filisteos; y los filisteos se fueron a Jezreel".

Ahora, Jezreel estaba situada en el norte. Si usted dispone de un buen mapa, debiera mirar la geografía de esta zona y mucho de lo que tuvo lugar aquí, le resultará más claro y comprensible. Jezreel estaba cerca del valle de Esdraelón. En realidad, diríamos que era una parte de este valle. Las Escrituras dicen que será aquí, en este mismo valle de Esdraelón donde tendrá lugar la última gran batalla del final de los tiempos, es decir, la gran batalla de Armagedón. En la actualidad, éste es un valle fértil.

David, pues, no subió a Jezreel, sino que los filisteos subieron sin él y David y sus hombres se dirigieron hacia Siclag donde, como veremos en el capítulo siguiente, no disfrutaron de una alegre bienvenida.

Y así llegamos al final de nuestro estudio de este capítulo 29 del primer libro de Samuel, y llegamos a

1 Samuel 30:1-6

Considerando el capítulo en su totalidad, diremos que David pidió consejo a Dios y persiguió a los amalecitas. Recobró todo lo robado, repartió igualmente el botín; y envió obsequios a sus amigos. Comenzando pues nuestro relato al principio de este capítulo, veremos en el primer párrafo que

David luchó contra los amalecitas por haber destruido a Siclag

Mientras David y sus hombres estaban fuera de su casa, un enemigo procedente del sur, los amalecitas, habían invadido el país de los filisteos destruyendo a Siclag. Observando el mapa, usted observará que Siclag estaba situada en la zona sur, incluso al sur de Berseba, en el país filisteo. Veamos, pues, los primeros tres versículos de este capítulo 30:

"Cuando David y sus hombres llegaron al tercer día a Siclag, los de Amalec habían invadido el Neguev y Siclag, habían asolado a Siclag y le habían prendido fuego. Se habían llevado cautivas a las mujeres y a todos los que estaban allí, del menor hasta el mayor, pero a nadie habían dado muerte, sino que se los llevaron y siguieron su camino. Llegó, pues, David con los suyos a la ciudad, y se encontró que estaba quemada, y que sus mujeres, sus hijos e hijas, habían sido llevados cautivos".

¿Puede usted imaginarse, Estimado lector, cómo se sentirían David y sus seiscientos hombres? Habían regresado a su pequeña aldea de

Siclag, que se había convertido en su hogar, esperando reunirse con sus familiares. Y se encontraron con que Siclag había sido destruida con fuego y abandonada. David y sus hombres se quedaron angustiados, sumidos en la impotencia y desesperación. Habían perdido a sus esposas e hijos. Por lo que ellos sabían, sus seres queridos habían sido todos muertos. Y leemos aquí en los versículos 4 y 5 de este capítulo 30 del primer libro de Samuel:

> *"Entonces David y la gente que lo acompañaba lloraron a voz en cuello, hasta que les faltaron las fuerzas para llorar. Las dos mujeres de David, Ahinoam jezreelita y Abigail, la que fue mujer de Nabal, el de Carmel, también habían sido llevadas cautivas".*

Esta desgracia cayó como un gran golpe sobre David. Entre las esposas perdidas estaba su propia esposa Abigail. Usted recordará que Abigail había estado casada antes con un hombre rico cuyo nombre era Nabal. Después de la muerte de éste, David se había casado con Abigail. Ella fue una influencia muy buena sobre la vida de David, siendo la única mujer que fue una verdadera bendición para él. Y dice aquí el versículo 6 de este capítulo 30 del primer libro de Samuel:

> *"David se angustió mucho, porque el pueblo hablaba de apedrearlo, pues el alma de todo el pueblo estaba llena de amargura, cada uno por sus hijos y por sus hijas. Pero David halló fortaleza en el Señor, su Dios".*

David se angustió mucho, no solamente porque perdió a sus amados, sino también porque el pueblo habló de apedrearlo. David era el jefe y ellos le culparon por lo que había sucedido. Lo culparon por haberse ido de Siclag y asociarse con los filisteos. Había cometido un error trágico. Pero observemos lo que dice la última parte del versículo 6: "mas David halló fortaleza en el Señor su Dios".

Estimado lector, cuando alguien se ve acorralado por las consecuencias de sus errores, cae en una desesperación tal, que solo Dios puede salvarle y restaurarle para que continúe teniendo deseos de vivir. Bien pudo David escribir en el Salmo 86: 6 y 7, las siguientes palabras: "Escucha Señor mi oración, y está atento a la voz de mis ruegos. En el día de mi angustia te llamaré, porque tú me respondes". Es que Dios escucha los ruegos que brotan desde lo más profundo del corazón, cuando ya no quedan palabras para expresar lo que sentimos.

1 Samuel 30:7-31:13

En el capítulo anterior, comenzamos a estudiar el capítulo 30 de este primer libro de Samuel. Y vimos cómo los amalecitas habían invadido el Neguev y a Siclag. Habían asolado a Siclag y la habían destruido por fuego. Se habían llevado también cautivas a las mujeres y a todos los que estaban allí. Pero no habían dado muerte a nadie, sino que se los habían llevado con ellos al continuar su camino. Y vimos que cuando David regresó junto con sus hombres, se sintieron angustiados y cayeron en la desesperación al encontrar desolada su aldea de Siclag, habiendo perdido a sus esposas e hijos. Por lo que ellos sabían, sus seres queridos estaban todos muertos. Ahora, esta desgracia cayó como un gran golpe sobre David. Entre las mujeres perdidas, estaba su propia esposa Abigail. Usted recordará que Abigail, que era la viuda de un rico llamado Nabal. Ella fue la única mujer que constituyó una influencia muy buena sobre la vida de David.

Pues bien, David se angustió mucho, no sólo porque perdió a sus seres queridos, sino también porque el pueblo estaba hablando de apedrearlo. David era el jefe y ellos le culparon por lo que había sucedido. Le consideraron responsable por haberse ido de Siclag y por haberse asociado con los filisteos, lo cual había sido evidentemente un gran error que David cometió. Ahora, nos gusta pensar en David, como el joven pastor que mató a Goliat. Luego, solemos mirar el lado oscuro de su vida y examinar el gran pecado que cometió. Pero, lo que no nos damos cuenta, es que David era muy semejante a todos nosotros. Se equivocó en muchas ocasiones, así como nosotros también nos equivocamos. Así que sus hombres estaban dispuestos a apedrearlo. El alma de todo el pueblo estaba llena de amargura, cada uno por sus esposas, hijos e hijas. David aquí se encontraba entre la espada y la pared, como solemos decir. Estaba en peligro de muerte. Había perdido a sus seres amados. Podemos imaginar su dolor al ver que sus propios seguidores, bajo esta gran tensión emocional de haber también perdido a sus seres queridos, quisieran apedrearle. Pero dice el final del versículo 6 de este capítulo 30: "mas David se fortaleció en el Señor su Dios".

Hay momentos en los que nos hallamos en lugares oscuros, como David aquí. Miramos en nuestro derredor y la situación nos parece desesperante, al no poder vislumbrar una salida. ¿Qué debemos hacer? ¿Debemos sentirnos desanimados? ¿Debemos darnos por vencidos y hundirnos? Estimado lector, si somos hijos de Dios debemos fortalecernos en el Señor. Debemos acudir a Él en tales horas de tristeza y de prueba. A veces el Señor nos deja en tal situación para que acudamos a Él. Porque es precisamente en esas horas, que Él se da a conocer a nosotros de una manera nueva, para que sintamos Su presencia de una manera real. Fue durante horas como éstas que David escribió algunos de sus mejores Salmos. Al leerlos, podemos ver que en medio de estas situaciones David se fortaleció en su Señor y en varias ocasiones pudo decir: "El Señor es bueno. . . díganlo los redimidos del Señor". David descubrió en su propia experiencia que estas declaraciones eran ciertas. Leamos ahora el versículo 7 de este capítulo 30 del Primer libro de Samuel:

"y dijo al sacerdote Abiatar hijo de Ahimelec: Te ruego que me acerques el efod. Abiatar acercó el efod a David".

El efod era una parte especial de la ropa del sumo sacerdote y simbolizaba la oración. El efod se llevaba sobre las vestimentas que acostumbraban a ponerse los sacerdotes; y distinguía en forma especial al sumo sacerdote. El sumo sacerdote siempre llevaba puesto el efod cuando entraba en el altar de oro de la oración. El efod tenía dos piedras, una en cada hombro, en las que estaban grabados los nombres de las doce tribus de Israel - seis en cada hombro. En otras palabras, simbólicamente el sumo sacerdote llevaba a Israel sobre sus hombros. Esta fue una descripción de Cristo nuestro gran Sumo Sacerdote, quien nos lleva sobre Sus hombros. ¿Recuerda usted aquella oveja que se perdió? ¿Qué hizo el pastor? Fue a buscarla y la puso sobre sus hombros y la trajo al redil. Estimado lector, no sé quién es usted ni donde se encuentra escuchándonos, pero sí sé que el Señor está listo para ir a buscarle y colocarle sobre Sus hombros y traerle de regreso al redil. Dijo el escritor a los Hebreos en el capítulo 7 de su carta, versículo 25: "Por eso puede también salvar perpetuamente a los que por él se acercan a Dios, viviendo siempre para interceder por ellos". Continuemos ahora con el versículo 8 de este capítulo 30 del Primer libro de Samuel:

"y David consultó al Señor diciendo: ¿Perseguiré a esta banda de salteadores? ¿Los podré alcanzar? Él le dijo: Síguelos, porque ciertamente los alcanzarás, y de cierto librarás a los cautivos".

Así fue que con el efod, la vestimenta de la oración, David se acercó a Dios en oración. Habló con su gran Sumo Sacerdote, que era su Pastor. David apeló a su Señor, y el Señor le fortaleció para que pudiera perseguir al enemigo. Y leemos aquí en los versículos 9 y 10, de este mismo capítulo 30:

"Partió, pues, David, junto a los seiscientos hombres que lo acompañaron, y llegaron hasta el torrente del Besor, donde se quedaron algunos. David siguió adelante con cuatrocientos hombres; pues se quedaron atrás doscientos que, cansados, no pudieron pasar el torrente del Besor".

Se habían llevado todas las provisiones, y estos hombres estaban desfallecidos. Hubo, pues, doscientos que no pudieron hacer el viaje. Y leemos en el versículo 11 de este capítulo 30 del Primer libro de Samuel:

"Hallaron en el campo a un egipcio, al cual trajeron ante David, le dieron pan y comió, y le dieron a beber agua".

Al perseguir al enemigo, en el camino hallaron a un egipcio. Éste estaba enfermo y le dijo a David que era siervo de uno de los líderes amalecitas. Cuando se enfermó lo dejaron para que se muriera allí mismo en el camino. David había alcanzado a este hombre, pero aún debía llegar hasta donde se encontraban los enemigos. Quería saber dónde estaban. El siervo egipcio, pues, prometió informar sobre esto a David, si David prometía no devolverlo a su amo. David, pues, le aseguró que no le enviaría de vuelta a su amo. El egipcio le contó entonces lo que había sucedido en la destrucción de Siclag y le guió hasta donde los amalecitas se encontraban. David entonces, atacó por sorpresa a los amalecitas. Y los halló celebrando su venganza y disfrutando del gran botín que habían tomado. Y leemos entonces, en los versículos 16 y 17 de este capítulo 30 del Primer libro de Samuel:

"Lo llevó, pues; y los encontraron desparramados sobre toda aquella tierra, comiendo, bebiendo y haciendo fiesta, por todo aquel gran botín que habían tomado de la tierra de los filisteos y de la tierra de Judá. Y David los batió desde aquella mañana hasta la tarde del día siguiente. Ninguno de ellos escapó, salvo cuatrocientos jóvenes que montaron sobre los camellos y huyeron".

Solo cuatrocientos jóvenes lograron apoderarse de los camellos y entonces pudieron escapar de David y de sus hombres. Continuemos con los versículos 18 al 20:

"Rescató David todo lo que los amalecitas habían tomado, y libró asimismo a sus dos mujeres. No les faltó nadie, ni chico ni grande, así de hijos como de hijas, ni nada del robo, de todas las cosas que les habían tomado; todo lo recuperó David. Tomó también David todas las ovejas y el ganado mayor. Los que iban delante conduciendo aquel tropel decían: Éste es el botín de David".

Cuando terminó la batalla, David se llevó todo el ganado y las ovejas que habían sido tomadas de su pueblo y emprendió el regreso a Siclag, acompañado de sus esposas e hijos. Avancemos con los versículos 21 y 22:

"Llegó David a donde estaban los doscientos hombres que, muy cansados para seguirlo, se habían quedado en el torrente del Besor; y ellos salieron a recibir a David y al pueblo que con él estaba. Cuando David llegó, saludó a la gente en paz. Pero todos los malos y perversos que había entre los que iban con David, se pusieron a decir: Puesto que no han ido con nosotros, no les daremos del botín que hemos recuperado; que cada uno tome a su mujer y a sus hijos y se vaya".

Hubo una disputa entre los hombres de David en cuanto a si los hombres que no habían participado en la batalla, tenían derecho a participar del botín o no. David estableció aquí un principio que revelaba su equidad y trato justo, que le ayudaron a ser la clase de hombre que Dios podría utilizar. Sigamos adelante con los versículos 23 al 25 de este capítulo 30 del Primer libro de Samuel:

"Pero David dijo: No hagáis eso, hermanos míos, con lo que nos ha dado el Señor. Nos ha guardado y ha entregado en nuestras manos a los salteadores que nos atacaron. ¿Quién os dará razón en este caso? Porque conforme a la parte del que desciende a la batalla, así ha de ser la parte del que se queda con el bagaje; les tocará por igual. Desde aquel día en adelante fue esto ley y norma en Israel, hasta hoy".

Los doscientos hombres que no pudieron salir a la batalla estaban enfermos y no habían podido pelear. No les fue posible hacer el viaje, pero debían participar igualmente del botín. Eso reveló la justicia de David. Y entonces, los versículos 26 al 31 concluyen este capítulo 30 del Primer libro de Samuel, relatando el envío del botín como un presente a los ancianos de Judá.

1 Samuel 31

Capítulo final de este primer libro de Samuel, Saúl perdió su ejército en la batalla y él, sus hijos y su escudero murieron. Los filisteos triunfaron. Y el pueblo de Jabes de Galaad recuperó los cuerpos de Saúl y sus hijos, y los sepultaron.

Al comenzar el capítulo, vemos que los israelitas libraban una batalla contra los filisteos. Gracias a Dios que David no tuvo que participar en esa batalla. La providencia de Dios intervino para que no se implicara en ella. Recordemos que como los príncipes de los filisteos no habían confiado en David para que él peleara junto con ellos, él regresó hacia su aldea de Siclag. Allí encontró que la ciudad había sido saqueada y quemada, como vimos en el capítulo anterior, y que todas las mujeres y sus hijos habían sido llevados cautivos. Mientras por una parte, David y sus hombres perseguían a los amalecitas y recuperaban a sus familiares, por otra parte, los israelitas huían de los filisteos, derrotados en esta batalla porque se hallaban fuera de la voluntad de Dios. Como ya hemos visto, en un principio, cuando los filisteos vinieron a luchar contra Saúl, éste había intentado consultar a Dios, pero como Dios había permanecido en silencio, Saúl había recurrido a la adivina de Endor. Así que, debido a la rebelión y el pecado de Saúl, Dios no le respondió y en esta batalla contra los filisteos, no le estaba protegiendo. Leamos los primeros 3 versículos de este capítulo 31 de 1 Samuel:

"Los filisteos, pues, pelearon contra Israel, y los de Israel, huyendo ante los filisteos, cayeron muertos en el monte Gilboa. Los filisteos siguieron de cerca a Saúl y a sus hijos, y mataron a Jonatán, a Abinadab y a Malquisúa, hijos de Saúl. La batalla arreció contra Saúl; lo alcanzaron los flecheros y tuvo mucho miedo de ellos".

Aquí es donde comenzó la tragedia para los israelitas. Fue el principio del fin para Saúl. En primer lugar, fue herido en la batalla por un arquero. Al parecer el arquero no se dio cuenta que había herido al rey. También fue trágico que Jonatán muriera en esta batalla. Esto fue asombroso, porque en otra ocasión cuando Jonatán luchó contra los filisteos, había matado a 250 enemigos en una sola ocasión. Esto muestra pues, la situación desesperada con la que Israel se encontró, superado ampliamente en número por el enemigo. Esta pudo muy bien haber sido la batalla en la que David y Jonatán habrían tenido que luchar en bandos opuestos, si Dios no hubiera intervenido para evitarlo. Por lo tanto, leímos aquí que Saúl fue herido. Leamos el versículo 4 de este capítulo 31 del Primer libro de Samuel:

"Entonces dijo Saúl a su escudero: Saca tu espada y traspásame con ella, para que no vengan estos incircuncisos a traspasarme y burlarse de mí".

Pero su escudero no quería, pues tenía gran temor. Tomó entonces Saúl su propia espada y se echó sobre ella.

Ahora, cuando Saúl se dio cuenta que estaba mortalmente herido, creyó que el enemigo vendría y se burlaría de él. Y creemos que tenía razón. Como ya hemos visto, Saúl era un hombre orgulloso y egoísta y no creyó que ese fuera un final apropiado para él. Su escudero tuvo miedo de obedecer al rey cuando Saúl le pidió que lo traspasara con su espada. Por lo tanto, Saúl sacó su propia espada y se echó sobre ella. Aparentemente, entonces éste fue un caso de suicidio. Pero, ¿en realidad fue éste un caso de suicidio? Continuemos ahora leyendo los versículos 5 hasta el 9 de este capítulo 31 del Primer libro de Samuel:

"Al ver que Saúl había muerto, su escudero se echó también sobre su espada y murió junto con él. Así murió Saúl aquel día, junto con sus tres hijos, su escudero, y todos sus hombres. Los de Israel que estaban al otro lado del valle y al otro lado del Jordán, al ver que Israel había huido y que Saúl y sus hijos habían muerto, abandonaron sus ciudades y huyeron. Luego vinieron los filisteos y habitaron en ellas. Aconteció al siguiente día que, al llegar los filisteos a despojar a los muertos, hallaron a Saúl y a sus tres hijos tendidos en el monte Gilboa. Le cortaron la cabeza y lo

despojaron de las armas. Entonces enviaron mensajeros por toda la tierra de los filisteos para que llevaran las buenas noticias al templo de sus ídolos y al pueblo".

Empezamos a comprender ahora, con el envío de la armadura de Saúl por toda la tierra de los filisteos, por qué Saúl había querido que David la usara en su lucha contra Goliat. Si David hubiera obtenido la victoria llevando puesta la armadura de Saúl, el rey se habría atribuido la victoria a sí mismo. Recordemos también, que en otra ocasión, cuando Jonatán, su hijo, ganó una victoria, en vez de atribuirle el triunfo a Jonatán, Saúl se la atribuyó a sí mismo. Prosigamos ahora con los versículos 10 al 13, los versículos finales de este capítulo 31 del Primer libro de Samuel:

"Los filisteos pusieron sus armas en el templo de Astarot y colgaron su cuerpo en el muro de Bet-sán. Cuando los de Jabes de Galaad se enteraron de lo que habían hecho los filisteos con Saúl, todos los hombres valientes se levantaron y, caminando toda aquella noche, quitaron el cuerpo de Saúl y los cuerpos de sus hijos del muro de Bet-sán, y llevándolos a Jabes los quemaron allí. Tomaron sus huesos, los sepultaron debajo de un árbol en Jabes y ayunaron siete días".

Este es el fin del Primer Libro de Samuel. Alguien podrá pensar que no hay ningún misterio en cuanto a la muerte de Saúl. Pues, bien, en realidad, aún no hemos terminado la historia. La reanudaremos en el Segundo Libro de Samuel. Tenemos registrado sólo el hecho de la muerte de Saúl al final de este Primer Libro de Samuel, pero todavía no nos es posible llegar a alguna conclusión.

Resulta interesante recordar que al principio del reinado de Saúl, él había dejado con vida a los amalecitas y que Samuel lo había reprochado por ello. Samuel le había a Saúl: "mejor es obedecer que sacrificar, y el prestar atención, que la grasa de los carneros". Dios requería la obediencia, y el corazón de Saúl nunca se sometió al Dios Todopoderoso. Es significativo que Saúl hubiera salvado a los amalecitas, porque veremos que fueron probablemente los amalecitas precisamente, quienes no solamente saquearon a Siclag, sino quienes realmente mataron a Saúl. Pero alguien dirá que ya hemos leído el relato que dice que los filisteos mataron a Saúl, porque un arquero le hirió y quedó mortalmente herido. El rey quiso que su escudero lo matara, pero el hombre no se atrevió. Por fin Saúl se echó sobre su propia espada. ¿No es esa la explicación? ¿No es ya un caso cerrado? Pues, no creemos que sea así. El Segundo Libro de Samuel nos dará una información más clara, más detallada, en cuanto a la muerte de Saúl.

Por tanto, en conclusión, hemos visto que en el Primer Libro de Samuel, Saúl fracasó en su reinado sobre la propiedad de Dios. Su fin fue el suicidio. Dios y Su autoridad fueron desechados. Al principio de su reinado, Saúl había salvado a los amalecitas pero, paradójicamente, fue muerto precisamente por los amalecitas.

Y ahora, para terminar, veamos un breve bosquejo de este primer libro de Samuel, que estamos terminando de estudiar hoy. Tenemos tres divisiones principales en este primer libro de Samuel. En primer lugar, Samuel, profeta de Dios; sección que comprende los capítulos 1 al 8. La segunda gran división, nos habla de Saúl, como hombre de Satanás, y comprende los capítulos 9 hasta el 15. Y la tercera gran división, nos presenta a David, como el hombre de Dios, frente a Saúl, hombre de Satanás, y comprende los capítulos 16 al 31.

Este es, pues, brevemente el bosquejo que hemos seguido en nuestro estudio de este Primer libro de Samuel. Dios mediante, en nuestro próximo capítulo, comenzaremos a estudiar el Segundo libro de Samuel, que también es muy interesante, por cierto, porque continúa la historia que hemos dejado aquí en el capítulo 31 de este primer libro. Así es que, esperamos que usted, Estimado lector, ha de acompañarnos mientras recorremos paso a paso, cada una de las páginas del Segundo libro de Samuel.

Como última reflexión, y ante el trágico final de la historia de Saúl, que arrastró a todo un pueblo, nos queda recordar aquella ley inexorable del mundo de la naturaleza, que se cumplió en la vida del primer rey de Israel, ley expresada en aquellas palabras de San Pablo, escritas en su carta a los Gálatas 6:7: "Dios no puede ser burlado, pues todo lo que el hombre siembre, eso también segará".

Estimado lector, le invitamos a considerar seriamente la Palabra de Dios que, en medio de tanta destrucción y tragedias causadas por la maldad de la naturaleza humana, por medio del mensaje del Evangelio proclama hoy la gracia y la misericordia de Dios revelada en el Señor Jesucristo, para que aquellos que están lejos de Él, tengan la oportunidad de establecer una relación personal con Él. Porque estamos viviendo en el momento apropiado para tomar una decisión que afectará nuestra vida en la tierra y en la eternidad, porque hoy es el día de salvación.

Conclusión

Reflexionando sobre el libro de la Biblia en Primera de Samuel, se destaca la inquebrantable fidelidad de Dios a lo largo de la narrativa. Este texto nos invita a reconocer cómo, a pesar de las adversidades y los errores humanos, la lealtad divina se manifiesta de manera constante, guiando a su pueblo hacia el cumplimiento de sus promesas.

A través de las historias de personajes como Samuel, Saúl y David, se revela un profundo mensaje sobre la importancia de confiar en la dirección de Dios. La fidelidad divina no solo se muestra en momentos de triunfo, sino también en los desafíos, recordándonos que siempre hay un propósito mayor en cada situación.

El estudio de Primera de Samuel nos enseña que la fidelidad de Dios es un pilar fundamental en nuestra vida espiritual. Al aprender de estos relatos, podemos fortalecer nuestra fe y compromiso, sabiendo que, sin importar las circunstancias, Dios permanece fiel a sus promesas.

Don't miss out!

Visit the website below and you can sign up to receive emails whenever Sermones Bíblicos publishes a new book. There's no charge and no obligation.

https://books2read.com/r/B-A-ALQN-OKZHF

BOOKS 2 READ

Connecting independent readers to independent writers.

Did you love *Clase Bíblica para Adultos y Jóvenes: Guía Principiantes: 1 Samuel*? Then you should read *Clase Bíblica para Jóvenes y Adultos: Guía de Principiantes: Introducción a la Biblia*[1] by Sermones Bíblicos!

[2]

Continúa nuestra introducción al estudio bíblico, el comienzo de una serie que explora la Biblia capítulo por capítulo, desde Génesis hasta Apocalipsis. Ofrecemos lecciones interesantes tanto para jóvenes como para adultos, presentadas con claridad y enfocadas en los eventos más trascendentales para el enriquecimiento espiritual. Examinaremos la importancia de *"leer la Biblia", "estudiar la Biblia"* y *"meditar en la Biblia".*

dirijida por Hermanos congregados en el nombre del Señor Jesucristo, *practicantes de la Sana Doctrina Cristiana.*

---

1. https://books2read.com/u/3LBkJM

2. https://books2read.com/u/3LBkJM

Also by Sermones Bíblicos

CLASE BÍBLICA DESDE CERO
Clase Bíblica para Jóvenes y Adultos: Guía de Principiantes: El Pentateuco

Clase Bíblica Dominical Para Jóvenes y Adultos
Clase Bíblica para Jóvenes y Adultos: Guía de principiantes: Génesis
Clase Bíblica para Jóvenes y Adultos: Guía de Principiantes: Éxodo
Clase Bíblica para Jóvenes y Adultos: Guía de Principiantes: Levítico
Clase Bíblica para Jóvenes y Adultos: Guía de principiantes: Números
Clase Bíblica para Jóvenes y Adultos: Guía de Principiantes: Deuteronomio
Clase Bíblica para Jóvenes y Adultos: Guía de Principiantes: Josué
Clase Bíblica para Adultos y Jóvenes: Guía de Principiantes: Jueces
Clase Bíblica para Adultos y Jóvenes: Guía de Principiantes: Rut
Clase Bíblica para Adultos y Jóvenes: Guía Principiantes: 1 Samuel
Clase Bíblica para Jóvenes y Adultos: Guía de Principiantes: Introducción a la Biblia

Enseñanzas de la Sana Doctrina Cristiana

Enseñanzas de la Sana Doctrina Cristiana: Saliendo de Egipto a Canaán 2007
Enseñanzas de la Sana Doctrina Cristiana: Saliendo de Egipto a Canaán 2008
Analizando la Enseñanza en 2 Samuel: El Liderazgo del Rey David
Enseñanzas de la Sana Doctrina Cristiana: Tesoros Bíblicos
Enseñanzas de la Sana Doctrina Cristiana: El Progreso del Peregrino
Enseñanzas de la Sana Doctrina Cristiana: El Progreso de la Peregrina

Estudiando El Tabernáculo de la Biblia
El Tabernáculo: Descripción de sus Componentes
Principios Bíblicos para una Iglesia: Ilustrados por El Tabernáculo
El Tabernáculo: En el Desierto y las Ofrendas
El Tabernáculo: Las Ofrendas Levíticas, el Sacrificio de Expiación
El Tabernáculo: Un santuario Terrenal
Analizando la Enseñanza del Trabajo en el Libro Profético de Jeremías y Lamentaciones

Estudio Bíblico Cristiano Sobrevolando la Biblia con Enseñanzas de la Sana Doctrina
Estudio Bíblico: Génesis 1. La Creación en Seis Días
Estudio Bíblico: Génesis 2. Estatutos de la Creación
Estudio Bíblico: Génesis 3. La Caída del Hombre
El Tabernáculo: En el Nuevo Testamento
Estudio Bíblico: Génesis 4. Aconteció Andando el Tiempo; Presente, Tributo, Oblación
Estudio Bíblico: Génesis 5. El Mensaje que Dios tiene para Nosotros en esta Genealogía
La Historia de Noé: Su Entorno, Su Experiencia, El Mandato y El Pacto

Estudio Bíblico: Sana Doctrina Cristiana: Introducción a la Biblia

Juan Bunyan Collection
Enseñanzas de la Sana Doctrina Cristiana: El Progreso del Peregrino y la peregrina

La Enseñanza del Trabajo en la Biblia
Analizando la Enseñanza del Trabajo en Éxodo: De la Esclavitud a la Liberación
Analizando la Enseñanza del Trabajo en Levítico: Alcanzar el Espíritu de la Ley en el Trabajo
Analizando la Enseñanza del Trabajo en Números: La Experiencia de Israel en el Desierto para Nuestros Desafíos Actuales
Analizando la Enseñanza del Trabajo en Deuteronomio: Una Perspectiva para la Vida Laboral Actual
Analizando la Enseñanza del Trabajo en Josué y Jueces: ¡La Motivación para el Trabajo Arduo!
Analizando la Enseñanza del Trabajo en Rut: Un Referencial para el Autocrecimiento y Superación
Analizando la Enseñanza del Trabajo en Samuel, Reyes y Crónicas: Un Estudio de Liderazgo en la Antigüedad
Analizando la Enseñanza del Trabajo en Esdras, Nehemías y Ester: Una Mirada al Pasado para Orientar nuestras Futuras Labores
Analizando la Enseñanza del Trabajo en Job: Ejemplo Espiritual y Profesional para la Vida Laboral
Analizando la Enseñanza del Trabajo en Salmos: Ética, Obras y Palabras
Analizando la Enseñanza del Trabajo en Proverbios
Analizando la Enseñanza del Trabajo en Eclesiastés: "El Trabajo Duro Bajo el Sol", Las Lecciones de Eclesiastés

Analizando la Enseñanza del Trabajo en Cantar de los Cantares
Analizando la Enseñanza del Trabajo en los 12 Profetas de la Biblia
Analizando la Enseñanza del Trabajo en el Libro Profético de Isaías
Analizando la Enseñanza del Trabajo en el Libro Profético de Ezequiel
Analizando la Enseñanza del Trabajo en el Libro Profético de Daniel
Analizando la Enseñanza del Trabajo en los Libros Proféticos de Oseas, Amós, Abdías, Joel y Miqueas
Analizando la Enseñanza del Trabajo en los Libros Proféticos de Nahúm, Habacuc y Sofonías
Analizando la Enseñanza del Trabajo en los Libros Proféticos de Hageo, Zacarías y Malaquías
Analizando la Enseñanza del Trabajo en el Evangelio de Mateo
Analizando la Enseñanza del Trabajo en el Evangelio de Marcos
Analizando la Enseñanza del Trabajo en el Evangelio de Lucas
Analizando la Enseñanza del Trabajo en el Evangelio de Juan
Analizando la Enseñanza del Trabajo en la Carta a los Romanos
Analizando la Enseñanza del Trabajo en la Carta a los Corintios
Analizando la Enseñanza del Trabajo en la Carta a los Colosenses y Filemón
Analizando la Enseñanza del Trabajo en las Cartas Pastorales: Timoteo y Tito
Analizando la Enseñanza del Trabajo en Génesis: El Proposito de la Vida en la Tierra
Analizando la Enseñanza del Trabajo en El Pentateuco
Analizando la Enseñanza del Trabajo en los Libros Históticos: Aplicando la Biblia al Trabajo Práctico
Analizando la Enseñanza del Trabajo en El Pentateuco y Libros Históricos
Analizando la Enseñanza de la Labor: La Guía de Dios para el Trabajo
Analizando la Enseñanza del Trabajo en los Libros Poéticos
Analizando la Enseñanza del Trabajo en los Libros Proféticos de la Biblia
Analizando la Enseñanza del Trabajo en el Antiguo Testamento

Analizando la Enseñanza del Trabajo en el Antiguo Testamento
Base Bíblica de la Educación del Trabajo
Analizando la Enseñanza del Trabajo en el Nuevo Testamento
Analizando la Enseñanza del Trabajo en las Cartas Generales y el Apocalipsis
Analizando la Enseñanza del Trabajo en las Cartas Paulinas
Analizando la Enseñanza del Trabajo en los Hechos de los Apóstoles
Analizando la Enseñanza del Trabajo en los Evangelios del Nuevo Testamento
Analizando la Enseñanza del Trabajo en los Libros Históricos del Nuevo Testamento

La Enseñanza en la Clase Bíblica
Lecciones Para Escuela Dominical: 182 Historias Bíblicas
Guía de Clase Bíblica para Principiantes: 50 Bellas Lecciones
Lecciones Para Escuela Dominical: 62 Personajes Bíblicos
Como Enseñar en la Escuela Dominical: Guía para Maestros de Clase Bíblica
Estudiando la Enseñanza en la Clase Bíblica: Guía para Maestros

Los Cuatro Evangelios de la Biblia
Analizando Notas en el Libro de Marcos: Encontrando Paz en Tiempos Difíciles
Analizando Notas en el Libro de Lucas: El Amor Divino de Jesús Revelado
Analizando Notas en el Libro de Juan: La Contribución de Juan a las Escrituras del Nuevo Testamento

Los Cuatro Evangelios de la Biblia
Analizando Notas en el Libro de Mateo: Cumplimientos de las Profecías del Antiguo Testamento

Notas en el Nuevo Testamento
Analizando Notas en el Libro de los Hechos: Un Viaje de Continuación en la Obra de Jesús

Profecías Bíblicas
Perfíl Profético: La Última Semana, La Gran Tribulación
Claras Palabras Proféticas: La Profecía Hecha Historia
Perspectiva de la Profecía: El Próximo Gran Acontecimiento
Desarrollo Profético de Dios: Las Señales de los Tiempos
Profecía Cronológica: Las Cosas que Sucederán en la Tierra
Seis Días Proféticos en la Biblia

Sermones de C. H. Spurgeon
La Procesión del Dolor

Sobrevolando la Biblia
Símbolos en la Biblia: Sana Doctrina Cristiana

Standalone

Cristo en Toda la Biblia: Estudio Bíblico
Notas en los Cuatro Evangelios: Comentario Bíblico
Analizando Lo que Está por Suceder: Las Profecías de Dios
Himnos del Evangelio
El Tabernáculo en la Biblia: Como Enseñar el Tabernáculo
Clase Bíblica para Jóvenes y Adultos: Hallowen, No me Dejo Endulzar

Sermones Bíblicos
HERMANOS EN LA FE

About the Author

Esta serie de estudios bíblicos es perfecta para cristianos de cualquier nivel, desde niños hasta jóvenes y adultos. *Ofrece una forma atractiva e interactiva de aprender la Biblia,* con actividades y temas de debate que le ayudarán a profundizar en las Escrituras y a fortalecer su fe. Tanto si eres un principiante como un cristiano experimentado, esta serie te ayudará a crecer en tu conocimiento de la Biblia y a fortalecer tu relación con Dios. Dirigido por hermanos con testimonios ejemplares y amplio conocimiento de las escrituras, *que se congregan en el nombre del Señor Jesucristo Cristo en todo el mundo.*

Milton Keynes UK
Ingram Content Group UK Ltd.
UKHW020055271124
451585UK00012B/1265